Madani Nekli

Parallel Query System

Madani Nekli

Parallel Query System

Une architecture pour l'exécution parallèle
des requetes sur un « réseau de SGBDs »
post-relationnels homogènes

Éditions universitaires européennes

Mentions légales/ Imprint (applicable pour l'Allemagne seulement/ only for Germany)

Information bibliographique publiée par la Deutsche Nationalbibliothek: La Deutsche Nationalbibliothek inscrit cette publication à la Deutsche Nationalbibliografie; des données bibliographiques détaillées sont disponibles sur internet à l'adresse http://dnb.d-nb.de.
 Toutes marques et noms de produits mentionnés dans ce livre demeurent sous la protection des marques, des marques déposées et des brevets, et sont des marques ou des marques déposées de leurs détenteurs respectifs. L'utilisation des marques, noms de produits, noms communs, noms commerciaux, descriptions de produits, etc, même sans qu'ils soient mentionnés de façon particulière dans ce livre ne signifie en aucune façon que ces noms peuvent être utilisés sans restriction à l'égard de la législation pour la protection des marques et des marques déposées et pourraient donc être utilisés par quiconque.

Photo de la couverture: www.ingimage.com

Editeur: Éditions universitaires européennes est une marque déposée de
Südwestdeutscher Verlag für Hochschulschriften GmbH & Co. KG
Dudweiler Landstr. 99, 66123 Sarrebruck, Allemagne
Téléphone +49 681 37 20 271-1, Fax +49 681 37 20 271-0
Email: info@editions-ue.com

Produit en Allemagne:
Schaltungsdienst Lange o.H.G., Berlin
Books on Demand GmbH, Norderstedt
Reha GmbH, Saarbrücken
Amazon Distribution GmbH, Leipzig
ISBN: 978-613-1-51827-0

Imprint (only for USA, GB)

Bibliographic information published by the Deutsche Nationalbibliothek: The Deutsche Nationalbibliothek lists this publication in the Deutsche Nationalbibliografie; detailed bibliographic data are available in the Internet at http://dnb.d-nb.de.
 Any brand names and product names mentioned in this book are subject to trademark, brand or patent protection and are trademarks or registered trademarks of their respective holders. The use of brand names, product names, common names, trade names, product descriptions etc. even without a particular marking in this works is in no way to be construed to mean that such names may be regarded as unrestricted in respect of trademark and brand protection legislation and could thus be used by anyone.

Cover image: www.ingimage.com

Publisher: Éditions universitaires européennes is an imprint of the publishing house
Südwestdeutscher Verlag für Hochschulschriften GmbH & Co. KG
Dudweiler Landstr. 99, 66123 Saarbrücken, Germany
Phone +49 681 37 20 271-1, Fax +49 681 37 20 271-0
Email: info@editions-ue.com

Printed in the U.S.A.
Printed in the U.K. by (see last page)
ISBN: 978-613-1-51827-0

MINISTERE DE L'ENSEIGNEMENT SUPERIEUR ET DE LA RECHERCHE SCIENTIFIQUE

Ecole nationale Supérieure d'Informatique

ESI (ex-INI), Oued-Smar, Alger

MEMOIRE

Pour l'obtention du diplôme de :

MAGISTER D'ETAT EN INFORMATIQUE

Option : Systèmes d'Information et de Connaissance (SIC)

Présenté par : Madani NEKLI

Titre de la thèse :

Parallel Query System : Une architecture pour l'exécution parallèle des requêtes sur un « réseau de SGBD » post-relationnels homogènes

Directeur de recherche : Docteur Walid-Khaled HIDOUCI,

Maître de conférences à l'ESI

Soutenue publiquement le **27 janvier 2010** devant le jury composé de :

- Docteur A. Balla, Président, Maître de conférences à l'ESI,
- Docteur R.A. Ghomari, Examinateur, Maître de conférences à l'ESI,
- Docteur N. Medjaoui, Examinateur, Chargé de cours à l'ESI,
- Docteur W.K. Hidouci, Directeur de thèse, Maître de conférences à l'ESI,

Résumé

Avec la croissance rapide du volume d'informations gérées dans les grandes bases de données, telles que les Datawarehouses, les SGBD relationnels sont confrontés à des problèmes de performances. La limite de l'approche centralisée a incité les chercheurs à proposer les meilleures solutions possibles afin d'obtenir des gains de performances des traitements et de disponibilité des données.

La combinaison de l'approche de répartition des données avec le traitement parallèle a fait naître les SGBD parallèles, sous une typologie variée. Parmi les architectures adoptées, celle de « réseau de stations » (Network of Workstations). Notre travail a pour but de contribuer dans ce contexte, et plus particulièrement dans le contexte des « Réseaux de SGBD ».

Nous présentons dans ce mémoire un système, nommé Parallel Query System (PQS), permettant de faire exécuter les requêtes de recherche, de jointure, de tri ainsi que les requêtes de mise à jour, sur un ensemble de serveurs de bases de données.

L'idée développée a permis de prendre en charge la possibilité d'implémenter une variété d'algorithmes.

Nous avons discuté certains points essentiels, notamment la haute disponibilité, l'équilibrage de la charge et l'extensibilité.

Aussi, nous avons pris en considération la modularité de notre système, afin qu'il soit flexible et adaptatif à d'éventuelles considérations.

Mots clés : SGBD parallèles, architectures « sans partage », réseau de stations, fragmentation des données, requêtes réparties, transactions réparties.

Abstract

With the rapid growth of the volume/flow of information dealt with in the large databases, such as Datawarehouses, relational DBMS are confronted with performance problems. The limitations which characterized the centralized approach encouraged the researchers to strive for and propose optimum solutions in order to obtain performance profits of query processing and high data availability.

The combination of data distribution approach and parallel processing gave birth to the DBMS parallels, under a varied typology, hence the "Network of Workstations" Architecture. The purpose of our work is a mere contribution within this context.

We present, in this thesis, a system called Parallel Query System (PQS), which will allow executing queries of search, joining and sorting as well as the queries of updating, on a whole set of servers for databases.

A deeper insight in our present approach made it possible to deal with the possibility of implementing a variety of algorithms.

We discussed some key points such as high availability, load balancing and extensibility in particular.

Moreover, we took into account the modularity of our system to make it flexible and adaptive to future considerations.

Keywords : parallel DBMS, "Sharing-Nothing" architecture, distributed queries, data partitioning, distributed transactions.

Remerciements

Je remercie en premier Allah pour m'avoir donné le courage et la volonté de terminer ce modeste travail.

Mes vifs remerciements accompagnés de toute ma gratitude vont aussi à mon encadreur Mr HIDOUCI WK., pour la confiance qu'il m'a témoigné en acceptant de m'encadrer, pour son entière disponibilité et ses précieux conseils.

Je tiens à remercier les membres de l'honorable jury pour avoir accepté de juger ce travail.

Un remerciement très particulier va à Messieurs et Mesdames : BELAHCENE A., KHELIFATI S.L., ZEGOUR D.E., AIT-ALI-YAHIA D., HADJ-MOUSSA M., CHERID N., pour leurs précieuses aides, leurs soutiens moraux et leurs encouragements.

Merci à tous mes enseignants, qui m'ont enseigné depuis l'école primaire et jusqu'à l'université, et à tout le personnel administratif de l'ESI.

Je remercie, enfin, toute ma famille, et en particulier ma mère, ainsi que ma femme, pour sa patience durant les moments difficiles et son immense soutien. Elle a toujours cru en moi, souvent bien plus que moi, et m'a encouragé pour lui dédier cette thèse.

A tous ceux qui ont contribué de près ou de loin, par leurs conseils, leurs encouragements ou leur amitié à l'aboutissement de ce travail, trouvez ici l'expression de ma profonde reconnaissance.

Table des matières

Liste des figures

Liste des tables

Introduction générale

Plusieurs facteurs ont incité les chercheurs à proposer les meilleures solutions possibles afin de faciliter le traitement des données : l'importance et la croissance rapide du volume d'informations gérées dans les grandes bases de données, la complexité des opérations mises en œuvre dans les nouvelles applications d'aide à la décision et de recherche d'information ainsi que les limites de l'approche centralisée, marquée par le goulot d'étranglement des accès mémoires [Boral83, Gardarin91] qui ne cesse de s'empirer avec les progrès technologiques, etc.

Les SGBD relationnels sont confrontés à des problèmes de performances dans le cas de très grandes bases de données, comme celles requises par les datawarehouses. En effet, ils offrent des possibilités d'exprimer des requêtes ad-hoc (non prévues à priori) à l'origine de performances difficilement prévisibles sur des bases volumineuses [Miranda96].

L'approche de répartition des données a été l'une des solutions préconisées afin d'augmenter la performance et la disponibilité des données. Cette approche est devenue une solution alternative à la centralisation, suite aux développements remarquables des réseaux de communication et des mini et micro-ordinateurs. Cette évolution a conduit encore les chercheurs à repenser l'architecture des applications.

De ce fait, cette solution a été ensuite combinée avec le traitement parallèle surtout depuis l'évolution de l'infrastructure informatique soutenue par des réseaux à larges bandes. Ainsi, les chercheurs n'ont cessé de proposer de meilleures solutions dans le domaine des SGBD parallèles.

Plusieurs facteurs interviennent dans ce contexte, il s'agit de trouver la meilleure méthode pour implémenter le parallélisme : l'architecture matérielle, le type de fragmentation des données, le modèle d'exécution,...

L'un des objectifs les plus importants dans le domaine des SGBD Parallèles est l'optimisation de l'exécution des requêtes utilisées dans les bases de données volumineuses telles que les datawarehouses, en vue d'atteindre de bonnes performances en matière de temps de réponse, tout en tenant compte de la réalisabilité et le coût de la solution.

Deux approches ont été développées: des machines parallèles spécialisées, dites machines bases de données (ayant leur propre SGBD), et des machines parallèles génériques qui supportent des versions parallèles de SGBD du marché.

Ainsi, le parallélisme s'est introduit au sein des bases de données apportant une puissance de traitement. En conséquence, les systèmes parallèles apparaissent comme les seules architectures cibles capables de répondre aux spécifications des applications les plus exigeantes.

Motivations

Cette thèse s'inscrit dans ce cadre des techniques de parallélisation du traitement des requêtes dans une architecture « Sans Partage » (Shared-Nothing).

Plusieurs raisons nous ont motivés :

- l'architecture « sans partage » offre un bon rapport coût/performance,
- les réseaux à très haut débit reliant les stations de travail, répondant au besoin de la communication par envoi de messages, favorisé par :
- le dévelopement de bibliothèques de communication (PVM, MPI,…),
- le développement de systèmes d'exploitation distribués tels que GLUNIX.

Objectifs de la thèse

Dans le cadre de contribution au domaine des SGBD Parallèles, cette thèse a pour but de développer un système permettant de faire exécuter des traitements en parallèle, plus particulièrement dans l'architecture « Shared-Nothing », une des variantes des SGBD Parallèles.

Parmi les objectifs visés par ce travail :

- l'amélioration des performances des requêtes, notamment celles de type décisionnel,
- la haute disponibilité des données.

Notre but consiste à :

- étudier les variantes des SGBD Parallèles,
- recenser les techniques de stockage des données et de parallélisme des traitements,
- proposer une architecture permettant de prendre en charge tous les aspects d'exécution parallèles des traitements,
- valider cette architecture par le développement et l'évaluation d'un prototype.

L'idée de proposer une telle solution devait prendre en considération plusieurs points critiques, notamment le partitionnement des données, la haute disponibilité, l'équilibrage de la charge, la gestion de la concurrence et l'extensibilité.

Aussi, il fallait penser à dresser un système « flexible », permettant de s'intégrer au sein de n'importe quel système aussi complexe soit-il, et d'intégrer en lui-même toute éventuelle considération future.

Organisation du document

Le présent document est organisé en quatre chapitres :

Dans **le premier chapitre**, nous avons présenté l'état de l'art des SGBD Parallèles. Nous avons défini de type de SGBD, présenté son architecture et recensé ses objectifs. Nous avons détaillé les architectures matérielles existantes à nos jours.

Ensuite, nous avons abordé les techniques de partitionnement de données, pour passer aux différents types de parallélisme des traitements.

Dans ce même chapitre, nous avons cité quelques techniques de mesure de performances du traitement parallèle des requêtes.

Nous avons enfin énuméré certaines causes qui freinent l'obtention de meilleures performances du traitement parallèle.

Dans **le deuxième chapitre**, nous avons détaillé les algorithmes parallèles les plus connus et utilisés jusqu'à ce jour. Nous avons présenté principalement les algorithmes de recherche, de jointure et de tri.

Le troisième chapitre traite le SGBD PostgreSQL, l'un des SGBD les plus performants de nos jours, que nous envisageons d'utiliser pour implémenter notre solution. Nous avons donné un peu d'historique sur ce SGBD, présenté son architecture et cité quelques projets liés.

Dans ce même chapitre, nous avons décrit PG-POOL, un outil développé dans le même cadre de notre recherche, mais présentant des limites que nous avons dénombrées.

Dans **le quatrième** et dernier **chapitre**, nous présentons notre solution : « Parallel Query System » (PQS). Nous citons quelques considérations prises en compte pour présenter son architecture générale suivie des détails de son architecture interne.

Nous avons discuté par la suite certaines particularités de ce système, pour ensuite donner les détails envisagés pour sa mise en œuvre.

En guise de conclusion, nous avons rappelé l'intérêt d'un tel système et donné quelques perspectives en vue d'apporter d'autres valeurs à ce travail.

Une annexe est disponible à la fin de ce document, dans laquelle nous avons exposé les détails de quelques parties que nous avons omis de les mentionner dans le cœur de cette thèse.

Chapitre 1 :
Les SGBD parallèles

Chapitre 1 : Les SGBD parallèles

Nous allons présenter dans ce chapitre les principaux concepts des systèmes de bases de données parallèles. Nous commençons par la définition des différentes terminologies utilisées dans ce domaine, la présentation des architectures matérielles utilisées par les SGBD parallèles, des stratégies et schémas de partitionnement des données, et enfin des concepts du traitement parallèle des données.

1.1. Présentation des SGBD Parallèles

Dans cette section, nous allons donner quelques définitions des SGBD parallèles, présenter leur architecture, recenser leurs objectifs.

1.1.1. Définition d'un SGBD Parallèle

Un SGBD parallèle est un SGBD fonctionnant sur plusieurs processeurs et plusieurs disques, reliés par des réseaux à hauts débits, communiquant par des messages, conçu pour exécuter des opérations autant en parallèle que possible, de façon à améliorer les performances et permettre une haute disponibilité. Ce type de SGBD supporte l'exécution parallèle des opérations basiques telles que les opérations d'algèbre relationnelle et les fonctions d'agrégation et doit assurer les fonctions de gestion du dictionnaire de données global, de définition et contrôle des données réparties, d'évaluation des requêtes réparties, et de gestion de transactions réparties [Sumathi07, Khosrow-Pour07, Chung05, Connolly05, Gardarin91].

Une base de données parallèles repose sur le principe « diviser pour régner » qui consiste à répartir (diviser) les données afin d'augmenter les performances par le traitement parallèle intensif (régner) [Gardarin91]. Cette distribution est régie seulement par des considérations d'exécution [Ramakrishnan99].

Une BDD parallèle ressemble par beaucoup d'aspects à une BDD répartie homogène. Celle-ci est définie par une: *« Base de données répartie obtenue en divisant une base de données en un ensemble de bases de données locales, chacune étant gérée par le même SGBD »*. Alors qu'un SGBD réparti est défini par un *« ensemble de logiciels systèmes constitués des gérants de données réparties, des gérants de communications et des SGBD locaux résidant sur chaque site de la base de données répartie »* [Gardarin91].

La grande différence entre une BDD parallèle et celle répartie et homogène est qu'un nœud du calculateur parallèle n'est pas un site où l'utilisateur peut explicitement exécuter un programme d'application. Les programmes d'application sont exécutés par des calculateurs hôtes ou postes de travail qui communiquent avec le calculateur parallèle au moyen d'une interface spécifique. Ce calculateur parallèle est vu comme une boite noire par les utilisateurs, et peut être rangée dans la famille des machines bases de données. L'avantage est que les composants systèmes, par exemple le système opératoire ou le SGBD, peuvent être spécialisés et peuvent ainsi mieux exploiter l'architecture matérielle (en particulier, le parallélisme) pour la manipulation performante de données [Gardarin91].

1.1.2. Architecture d'un SGBD Parallèle

L'architecture standard d'un SGBD parallèle est illustrée dans la Figure 1 : Architecture standard d'un SGBD parallèle [Bouganim97a]. L'exécution d'une requête SQL passe par trois étapes regroupées en deux phases :

Phase 1: Compilation.

Etape 1: Validation syntaxique et sémantique : le *pré-processeur* est chargé de recevoir les requêtes utilisateurs et vérifie leur validité syntaxique et sémantique en se référant aux informations stockées dans le schéma de la base. Une fois la requête est validée, elle est alors transformée en algèbre relationnelle puis optimisée.

Etape 2: Optimisation du plan d'exécution : à partir de la requête sous sa forme algébrique, l'*optimiseur* évalue un certain nombre de stratégies d'exécution potentiellement efficaces, et choisit celle qui optimise l'utilisation des ressources de la machine, tout en produisant le meilleur temps de réponse. Un *plan d'exécution parallèle* est ainsi produit. Il décrit la décomposition de la requête en *fragments* pouvant être exécutées parallèlement.

Phase 2 ou *Etape 3*: **Exécution de la requête.**

L'exécution est finalement prise en charge par le *moteur d'exécution*. Ce moteur a le rôle d'obtenir les meilleures performances sur la machine parallèle, composée d'un ensemble de calculateurs, interconnectés par un réseau de communication.

Le dictionnaire global dépositaire de l'information sur la localisation physique des données et assurant la transparence pour l'émetteur de la requête est supposé existant. Ce dictionnaire pourrait être centralisé ou distribué [Miranda96].

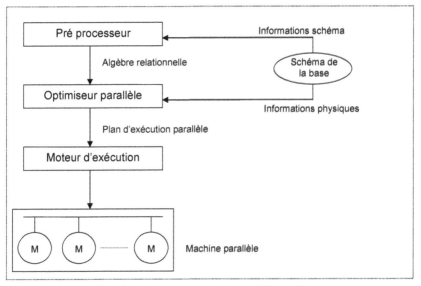

Figure 1 : Architecture standard d'un SGBD parallèle

1.1.3. Objectifs d'un SGBD Parallèle

L'approche des SGBD Parallèles vise certains objectifs, notamment :

- L'amélioration des performances, pouvant être atteint grâce à la fragmentation et à la duplication des données, soutenues par les traitements parallèles. Le but idéal est de fournir un débit (mesuré par le nombre de transactions par seconde), linéairement proportionnel au nombre de sites ou nœuds sur lesquels les données sont fragmentées. Dans ce cadre, l'objectif est de fragmenter et dupliquer les données de telle sorte à exploiter au mieux le parallélisme [Gardarin91].

- L'extensibilité (en anglais : scalability), qui désigne le fait que, en augmentant le nombre de machines, les performances restent toujours bonnes.

1.2. Architectures matérielles

Une machine parallèle est composée de plusieurs processeurs, disques et mémoires centrales. La différence entre une architecture et une autre dépend du partage ou non des ressources mémoire et/ou disque entre les différents processeurs de la machine, dont l'interconnexion processeurs/disques et processeurs/modules mémoire peut-être totale ou partielle.

Nous présentons dans cette section les trois architectures qui ont, jusqu'à présent, été utilisées comme support pour les SGBD parallèles. Nous donnerons aussi un aperçu sur les architectures hybrides qui ont tenté de combiner les avantages de chaque architecture, l'architecture dite "en Cluster" et enfin les architectures parallèles virtuelles.

1.2.1. Architecture à mémoires partagées

Dans l'architecture à mémoires partagées (en anglais : *shared memory*), les disques et les mémoires centrales sont partagés par tous les processeurs du système (Figure 2). Chaque processeur a un coût uniforme d'accès à l'ensemble de la mémoire. Un bus relie entre eux les éléments matériels de la machine : processeurs, mémoires et disques. Cette architecture permet un accès rapide aux données. De plus, comme les informations de contrôle et les informations globales concernant les données sont accessibles par tous les processeurs, les principes de conception ne sont pas très différents de ceux d'un SGBD centralisé.

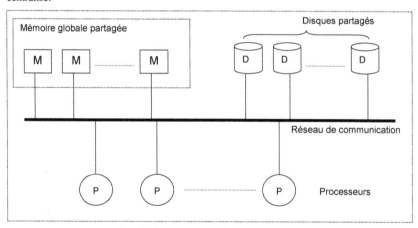

Figure 2 : Architecture à Mémoires Partagées

Ce type d'architecture, orienté transactionnel (OLTP[1]), est utilisé dans de nombreuses machines : Sequent, Encore, Bull(Escala), HP, Sun, NCR, etc. Parmi les SGBD, nous citons : XPRS, DBS3, Volcano, Monet, Oracle et Informix.

Avantages :

Parmi les avantages de cette architecture, nous pouvons citer :

- Elle a été utilisée avec succès pour l'exploitation du traitement parallèle, et l'équilibre de charge entre les processeurs est facile à réaliser.
- L'échec d'un processeur n'entraîne pas la non-possibilité d'accès aux données.

Inconvénients :

Les principaux inconvénients de cette architecture peuvent se résumer en :

- L'augmentation du coût d'une telle architecture, dû à la complexité du réseau d'interconnexion en raison de la nécessité de relier chaque processeur à tous les modules [Sahri06]. De plus, l'ajout d'un nouveau processeur peut entraîner des modifications importantes au niveau du matériel,
- Ce type d'architecture n'est pas extensible. Cette approche est très attrayante pour un parallélisme modéré, elle est par contre inutilisable pour exploiter le parallélisme massif,
- Les accès conflictuels aux mémoires centrales peuvent dégrader les performances. Pour ce, le nombre de processeurs est limité. La plupart des machines supportent entre deux et huit processeurs. En effet, un nombre supérieur crée des goulots d'étranglement [Miranda96, Moussa04] et rare sont les machines dont le nombre de processeurs dépassent ce nombre[2] [Hidouci07, Taniar08]. Les High-end machines peuvent se porter avec des douzaines de processeurs, mais tendent à être vendues à une grande prime relativement aux ressources de traitement fournies [Hellerstein07].

1.2.2. Architecture à disques partagés

Dans l'architecture à disques partagés (en anglais : *shared disk*), chaque processeur a sa mémoire centrale privée, mais les disques sont partagés par tous les processeurs du système (Figure 3) et chacun de ces derniers peut accéder à n'importe quel disque à travers un réseau d'interconnexion et peut ainsi copier des pages d'une base de données

---

[1] On Line Transaction Processing.
[2] telles que Cray Supercomputer 6400, configurable avec un nombre allant de 4 jusqu'à 64 processeurs. Voir : http://www.filibeto.org/~aduritz/supercomputing/cray/cray-cs6400.html, http://en.wikipedia.org/wiki/Cray_CS6400.

sur un disque partagé dans son propre cache disque. L'idée de laisser la mémoire distribuée a pour but de ne pas pénaliser l'extensibilité.

La mise en œuvre d'une telle procédure nécessite une gestion des conflits d'accès aux mêmes pages et l'implantation d'un protocole de gestion de cohérence des caches. S'avérant complexe, les performances de cette architecture mesurées par le Scale up restent limitées à 16 CPUs [Taniar08] (C.f. 1.5.2. Le Scale-up ou notion d'efficacité).

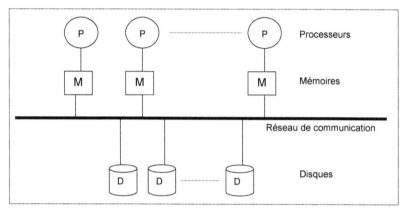

Figure 3 : Architecture à Disques Partagés

Parmi les machines exploitant ce type d'architecture: DEC's VAXcluster, IBM's IMS/VS Data Sharing, et parmi les SGBD s'exécutant sur des machines à disques partagés, nous citons principalement Oracle (Oracle Parallel Server).

Avantages :

Cette architecture, en plus des avantages qu'elle hérite de l'architecture à mémoires partagées :

- Réduit les accès conflictuels aux mémoires centrales,
- Le disque partagé fournit un bon niveau de tolérance aux pannes avec l'ensemble des données qui restent accessibles tant qu'il y a au moins un nœud qui fonctionne,
- Ce type d'architecture facilite la répartition de la charge de travail.

Inconvénients :

- L'inconvénient majeur de cette architecture est lié à la complexité et le surcoût du maintien de la cohérence des caches des processeurs, par rapport aux données sauvegardées sur les disques ainsi que la cohérence des différentes copies d'une même page disque présente dans plusieurs mémoires,

- Les logiciels qui assurent cette cohérence sont complexes, et peuvent former des goulots pour la charge de travail [Hellerstein07].

1.2.3. Architectures sans partage

Dans cette architecture, dite aussi « à Mémoires Distribuées », « à partage de rien », « en Cluster » (serveurs en grappe) ou encore « à mémoire privée » (en anglais : *shared nothing*), rien n'est partagé entre les processeurs à part le réseau d'interconnexion, et donc le partage de ressources matérielles et logicielles entre les différents processeurs est donc limité au minimum. Dans ce réseau de machines, appelé *cluster*, chaque processeur a sa propre mémoire centrale locale et son propre disque (Figure 4).

Cette architecture a un coût abordable vu que le système est une collection de postes de travail, communiquant entre eux par envoi de messages dans le réseau. Développé grâce aux réseaux de PCs et de stations de travail qui permettent d'intégrer un grand nombre de processeurs (plusieurs centaines, voire des milliers de processeurs), ce modèle est aujourd'hui très apprécié car il présente des caractéristiques d'extensibilité et de disponibilité très séduisantes. Lors d'une défaillance d'un élément du cluster, les tâches exécutées par le système défaillant sont transférées sur les autres systèmes du *cluster*. Lorsque la charge totale excède les capacités des systèmes du cluster, d'autres systèmes peuvent lui être ajoutés afin de répondre à l'augmentation des besoins en puissance de traitement. Aussi, il permet de minimiser la quantité de données transférées sur le réseau.

Ces systèmes sont cependant difficiles à administrer et à programmer.

Voici quelques exemples de machines et SGBD réparties supportés par cette architecture :

- Machines : Gamma, PRISMA/DB, Teradata, ICL Goldrush, nCUBE.
- SGBD : Gamma, Bubba, Prisma, Teradata, NonStopSQL.

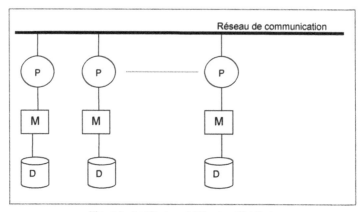

Figure 4 : Architectures à Mémoires Distribuées

Avantages :

- Extensibilité facile,
- La bonne disponibilité des données est assurée grâce à leur réplication au niveau de plusieurs nœuds.

Inconvénients :

- Vulnérabilité aux problèmes d'échec de nœud,
- Complexité de la redistribution des données afin d'équilibrer la charge de travail entre les processeurs.

1.2.4. Architecture hybride « Non-Uniform Memory Access »

L'architecture hybride NUMA (accès mémoire non uniforme, en anglais : Non-Uniform Memory Access), est une combinaison des architectures à mémoires distribuées et à mémoires partagées (Figure 5). Le principe est de construire une machine à mémoire distribuée dont chaque nœud adopte une architecture parallèle à mémoire partagée à travers laquelle se font les communications entre les processeurs. Ainsi, cette architecture combine l'équilibre de charge des architectures à mémoire(s) partagée(s) et l'extensibilité des architectures à mémoire(s) distribuée(s).

Une telle architecture, dite aussi hiérarchique, combine leurs avantages et compensent leurs inconvénients respectifs. Cette architecture est appelée NUMA parce que la mémoire globale, vue par le programmeur et partagée par tous les CPU, peut avoir différents temps d'accès. Ces architectures sont simples, mais présentent une extensibilité moyenne.

Une architecture hybride peut avoir deux niveaux. Elle peut être au niveau interne une architecture à mémoire partagée, et au niveau externe une architecture à mémoires distribuées.

Voici des types de machines et de SGBD supportés par ce type d'architecture:

- Machines : Sting, Ddm, KSR1, Sequent NUMA-Q, nuSMP, Convex,
- SGBD : Informix, Oracle, IBM DB2.

Avantages :

- Elle permet d'obtenir l'extensibilité d'une architecture shared-nothing en gardant une partie de la flexibilité apportée par la mémoire partagée en permettant l'interconnexion d'un grand nombre de nœuds à mémoire partagée, pouvant eux-mêmes être de puissant multiprocesseur,
- Les performances obtenues lors de l'exécution d'une requête sur une telle architecture seront meilleures que sur une machine shared-nothing,
- La répartition de la charge entre les processeurs peut être faite de manière efficace.

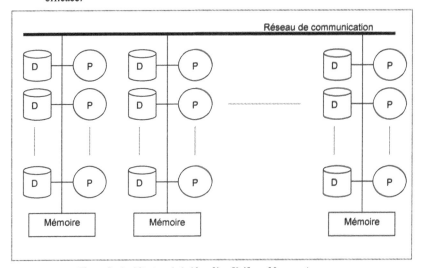

Figure 5 : Architecture hybride « Non-Uniform Memory Access »

1.2.5. Architectures parallèles virtuelles

La virtualité est l'un des moyens utilisés pour soutenir les applications, tels que les SGBD. La grande disponibilité des réseaux à haut débit a offert une grande potentialité pour paralléliser les applications afin de bénéficier du cumul des ressources des machines interconnectées. Les recherches dans ce domaine sont vite apparues avec la sortie des outils, les plus connus de nos jours, PVM [Geist94] et MPI [MPI94]. Parmi ces travaux : [Bozas94, Papakostas96, Exbrayat97]. Parmi les célèbres SGBD ayant été porté sur cette architecture : le projet MIDAS (MunIch parallel DAtabase System) [Bozas96].

1.2.6. Les réseaux de stations

Ce type d'architecture, qui fait partie de l'axe de notre recherche, ressemble beaucoup plus aux architectures « sans partage ». Elle est composée d'un ensemble de PCs ou stations individuelles, reliés entre eux par un réseau. Les deux architectures les plus connues sont Condor [Litzkow88, Livny92, Condor] et NOW (Network Of Workstations) [Anderson94, Arpaci-Dusseau96], développées au sein des universités américaines (respectivement Wisconsin et Berkeley).

Condor visait dans un premier temps à distribuer des tâches différées (batch) sur les machines disponibles à un instant donné. Cette disponibilité suit l'activité de ses périphériques de saisie (clavier et souris) et de son processeur.

Le projet NOW (Network Of Workstations), constitue un vaste champ d'investigations autour du concept de réseau de stations. Il consiste à utiliser des stations reliées par un réseau commuté haut débit. Cette notion est utilisée dans les interfaces de communication rapides (messages actifs, système dans lequel les messages constituent des appels de fonctions bas niveau à distance), les systèmes d'exploitation distribués (tels que GLUNIX [Ghormley97]), les programmes applicatifs utilisés pour le tri rapide tels que NOWSort[3] qui a battu des records de rapidité sur les benchmarks de tri.

1.2.7. Architectures parallèles et degré de couplage

Ces types d'architectures que nous venons de citer peuvent être regroupés selon le degré de couplage. Ainsi, sont distinguées :

(1) les architectures à couplage serré correspondant aux SMPs (acronyme de *Symmetric MultiProcessor Systems*) où un ensemble de processeurs partageant toutes les ressources du système. Cette catégorie de systèmes est caractérisée par un accès uniforme (symétrique) à la mémoire centrale partagée par tous les processeurs du système via le bus système commun.

(2) les architectures à couplage lâche correspondant aux MPPs (acronyme de

---

[3] NOWSort est un programme de tri rapide fonctionnant sur un réseau de stations UltraSparc reliées par Myrinet (réseau local commuté rapide commercialisé par la société Myricom), en offrant des taux d'erreur très bas.

Massively Parallel Processor) et aux Serveurs en grappes.

1.2.8. Synthèse

Le choix d'une architecture destinée à supporter un SGBD parallèle est guidé par le souci d'atteindre tous les objectifs de traitements parallèles des transactions et des opérations tout en garantissant le meilleur rapport prix/performances.

Le partage de la mémoire permet d'obtenir de bonnes performances mais pour un nombre limité de processeurs. A l'inverse, les architectures distribuées autorisent des configurations avec un grand nombre de processeurs. Mieux que cela, les réseaux de stations ont prouvé leur capacité due à l'extensibilité à faible coût d'une part, et de l'évolution des performances d'autre part. Cela représente l'une des raisons qui nous ont motivé à choisir ce type d'architecture dans notre étude.

1.3. Partitionnement des Données

Le partitionnement ou fragmentation des données représente l'un des facteurs critiques qui marquent la performance d'un SGBD. Dans ce qui suit, nous allons décrire les différents schémas de partitionnement de données ainsi que les stratégies de partitionnement.

1.3.1. Schémas de Partitionnement

Le partitionnement d'une table consiste à la décomposer afin de permettre à des transactions portant sur des tuples différents de cette table de s'exécuter de façon parallèle et concurrente. Ainsi, les applications n'accèdent qu'à des sous ensembles de tables et non à des tables entières. Nous présentons dans ce qui suit les deux schémas fondamentaux du partitionnement : horizontal et vertical, ainsi que le schéma mixte.

a) Partitionnement Horizontal

Le partitionnement horizontal permet de fragmenter une table selon ses tuples. Chaque fragment a alors un sous ensemble de tuples de la table (Figure 6.a). On peut partitionner une table horizontalement de deux manières: le *partitionnement primaire* et le *partitionnement dérivé*. Le premier est effectué en utilisant des prédicats définis sur la table elle même. Quant au deuxième, il est effectué en utilisant des prédicats définis sur une autre table.

b) Partitionnement Vertical

Le partitionnement vertical d'une table *T* produit un ensemble de fragments *(T1,..., Tn)* contenant chacun un sous ensemble des attributs de T en plus de la clé primaire de la table T (Figure 6.b). Le partitionnement vertical est beaucoup plus complexe que le partitionnement horizontal à cause, essentiellement, du grand nombre d'alternatives possibles.

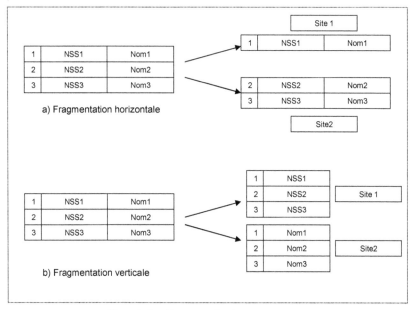

Figure 6 : Partitionnement Horizontal et vertical

c) Partitionnement Hybride ou Mixte

Dans la plupart des cas, un partitionnement horizontal ou vertical simple d'une base de données ne satisfait pas les demandes des applications. Dans ce cas, un partitionnement horizontal peut être suivi par un partitionnement vertical ou vice-versa (Figure 7).

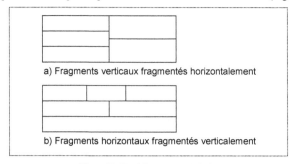

Figure 7 : Partitionnement Hybride

1.3.2. Stratégies de Partitionnement

La stratégie de partitionnement permet d'obtenir les schémas de partitionnement des données dans un SGBD parallèle. Plusieurs méthodes de partitionnement horizontal existent, elles sont regroupées en deux classes : partitionnement de base et partitionnement complexe.

Les récentes recherches se sont spécialisées avec les nouveaux domaines des bases de données, tels que les datawarehouses, bases de données multidimensionelles, XML et Grid.

1) Partitionnement basique : ce type de partitionnement regroupe les trois principales stratégies : circulaire, par hachage et par intervalle.

1.a) Partitionnement Circulaire

Dans ce type de partitionnement, appelé aussi « Donneur de Cartes » (en anglais : *Round-robin data partitioning*), les tuples sont placés en fonction de leur numéro d'ordre : la première donnée sera placée sur le premier processeur, la seconde sur le deuxième et ainsi de suite jusqu'à placer la nouvelle donnée sur le dernier processeur. En règle générale, si N est le nombre de partitions d'une table qui est le nombre de nœuds, alors le i-ème tuple (ou unité de fragmentation) de cette table est affecté à la partition de numéro ($i \bmod N$) (Figure 8).

Ce type de fragmentation est considéré comme la stratégie la plus simple pour le partitionnement des données. Il garantit une distribution uniforme des données puisqu'il permet de partitionner une table en fragments de même taille entre des nœuds distribués.

Il est implanté dans les systèmes RAID (*Redundant Arrays of Independant Disks*) [Patterson88].

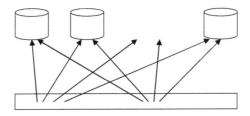

Figure 8 : Partitionnement Circulaire

Avantages :

- L'avantage majeur du partitionnement circulaire est l'optimisation du temps de réponse des requêtes tout en permettant un accès séquentiel et parallèle aux données.
- Cette stratégie garantit un équilibre optimum de charge entre les nœuds et convient donc aux requêtes nécessitant un parcours séquentiel des articles.

Inconvénients :

- L'inexistence d'accès associatif aux tuples.
- L'accès séquentiel aux données nécessite le parcours de toutes les partitions d'une table, entraînant une dégradation des performances.

1.b) Partitionnement par Hachage

Le partitionnement par hachage (en anglais : *Hash data partitioning*) permet de distribuer l'ensemble des tuples en utilisant une fonction de hachage *h* sur un ensemble d'attributs (Figure 9). La fonction de hachage retourne le numéro du serveur dans lequel le tuple sera rangé. Cette méthode convient aux applications qui veulent accéder aux données de façon séquentielle et associative. L'accès associatif aux tuples ayant une valeur d'attribut spécifique peut être dirigé vers un seul disque, évitant ainsi le surcoût dû à un lancement de requêtes sur plusieurs disques.

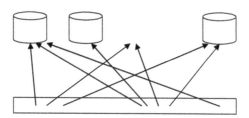

Figure 9 : Partitionnement par Hachage

Il existe deux méthodes de hachage : *hachage statique* et *hachage dynamique*. Le hachage *statique* est très simple et donne d'excellentes performances tant qu'il n'y a pas de débordements qui les dégradent rapidement. Le hachage *dynamique* permet de faire grandir progressivement un fichier haché saturé en distribuant les tuples dans de nouveaux emplacements alloués à une table. Il existe deux méthodes principales du hachage dynamique: le *hachage extensible* et le *hachage linéaire*, décrits respectivement dans [Fagin79] et [Litwin80]. Le hachage *linéaire* est utilisé par plusieurs SGBD, notamment *PostgreSql*.

1.c) Partitionnement par Intervalle

La stratégie de distribution par intervalle (en anglais : *Range data partitioning*) permet de distribuer les tuples d'une table en fonction de la valeur d'un ou de plusieurs attributs, formant alors une valeur unique dite *clé*, par rapport à un ordre total de l'espace des clés (Figure 10). Les fonctions de hachage en général n'offrent pas ce type de partition. Les attributs formant la clé sont appelés alors attributs ou *clés de partitionnement*. La table ou le fichier partagé sont dits *ordonnés*. La méthode générale du partitionnement par intervalle consiste en deux phases. La première phase permet de diviser l'espace des valeurs des attributs sélectionnés en intervalles puis chaque intervalle est affecté à un nœud. Quant à la deuxième phase, elle assigne chaque tuple *t* au nœud *n* si les valeurs d'attributs spécifiés du tuple *t* appartiennent à l'intervalle de *n*.

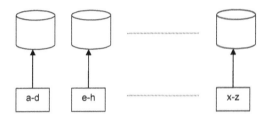

Figure 10 : Partitionnement par Intervalle

La stratégie de partitionnement par intervalle convient aux requêtes dont le prédicat implique les attributs de partitionnement et donc les requêtes par intervalle. Cependant, elle ne garantit pas un équilibre de charge entre les nœuds.

L'une des méthodes de partitionnement par intervalle les plus utilisées est la méthode des arbres-B [Bayer72].

1.d) Partitionnement aléatoire et inégal

Dans ce type de partitionnement (en anglais : *Random-unequal data partitioning*), le partitionnement n'est pas basée sur l'attribut de recherche. Autrement dit, le partitionnement pourrait être effectué par hachage ou par intervalle sur un attribut autre que l'attribut de recherche. Il pourrait aussi que la méthode de partitionnement soit inconnue.

La taille de chaque partition est susceptible d'être inégale. Le mot « aléatoire » dans le nom indique que les enregistrements dans chaque partition ne sont pas groupés sémantiquement, mais alloués aléatoirement.

La Figure 11 : Partitionnement aléatoire et inégal suivante donne une illustration de cette méthode [Taniar08].

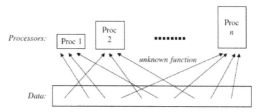

Figure 11 : Partitionnement aléatoire et inégal

2) Partitionnement complexe : ce type de partitionnement n'est sans plus qu'une combinaison entre les schémas de partitionnement basiques [Taniar08]. Il existe plusieurs stratégies, nous pouvons citer :

- Hybrid-Range Partitioning Strategy (HRPS) [Ghandeharizadeh90],
- Multiattribute Grid Declustering (MAGIC) [Ghandeharizadeh94],
- Bubba's Extended Range Declustering (BERD) [Copeland88].

1.4. Traitement parallèle des requêtes

Le traitement parallèle des requêtes consiste à répartir leur déroulement dans l'espace (nœuds ou processeurs d'exécution) et dans le temps (ordonnancement) par une utilisation judicieuse des ressources disponibles. On cherche ainsi à réduire le temps de réponse moyen (satisfaction des utilisateurs) et le temps de réponse de chaque requête prise indépendamment (satisfaction de chaque utilisateur en particulier).

Il existe deux principaux modèle d'exécution : fragmenté et non fragmenté.

Dans le modèle d'exécution fragmenté, l'ensemble des relations (de base ou temporaires) sont fragmentées avec une fonction de fragmentation (cf. section 1.3). Chaque processeur n'accède alors qu'à un sous-ensemble des données. Cette approche est la seule possible sur une architecture *shared-nothing*, sans quoi les accès aux données, souvent distants, entraînerait des surcoûts de communication prohibitifs.

L'approche non fragmentée est uniquement applicable sur des architectures à mémoire partagée. Chaque processeur n'accède qu'à un sous ensemble des relations. Ce modèle est considéré comme une simple parallélisation d'une exécution centralisée, c.-à-d. en mono-processeur. Dans ce cas, on ne peut parler réellement de parallélisme intra ou inter-opérateur.

Il existe différentes formes de parallélisme : le parallélisme inter-requêtes, intra-requêtes, inter-opérations et intra-opérations [Taniar08].

1.4.1. Parallélisme inter-requêtes

Ce type de parallélisme vise à partager les ressources de façon équitable et efficace entre les utilisateurs, ou plus exactement entre les requêtes qu'ils soumettent (Figure 12 : Parallélisme inter-requêtes). Quelques modèles sont proposés puis améliorés [Mehta93, Rahm93].

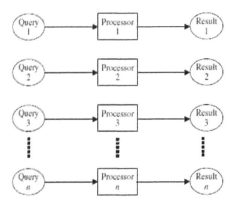

Figure 12 : Parallélisme inter-requêtes

1.4.2. Parallélisme intra-requête

Ce type de parallélisme permet de fragmenter le code séquentiel d'une requête pour constituer plusieurs fragments ou tâches pouvant s'exécuter simultanément (en parallèle) et peuvent être combinés ou non pour améliorer le temps de réponse de la requête, puis de rassembler les sous-résultats obtenus.

Dans l'exemple de la Figure 13 suivante [Baru95], les trois jointures J1, J2 et J3, au lieu d'être exécutées séquentiellement (arbre de gauche), il est possible d'effectuer parallèlement les deux jointures J1 et J3, puis d'effectuer ensuite la jointure J2 (arbre de droite).

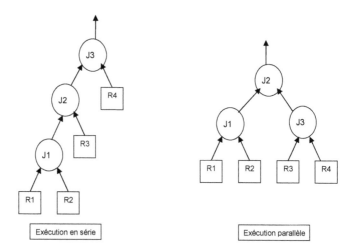

Figure 13 : Parallélisme intra-requête

Le gain en performance dans ce type de parallélisme est facteur d'autres paramètres notamment la taille des relations et leur distribution.

Dans ce cas de parallélisme, une requête peut être parallélisée horizontalement (parallélisme intra-opérateur) et/ou verticalement (parallélisme inter-opérateur).

1.4.3. Parallélisme intra-opérateur

Dans ce type de parallélisme horizontal, chaque opérateur est sub-divisé en sous-opérateurs qui s'exécutent en parallèle sur un ensemble de processeurs. Donc, une même opération peut être traitée par plusieurs processeurs (Figure 14 : Parallélisme intra-opérateur horizontal [Bouganim97a]) et le degré de parallélisme intra-opérateur est égal au nombre de processeurs sur lesquels s'exécutent les instances de l'opérateur initial.

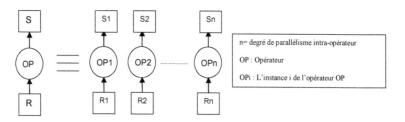

Figure 14 : Parallélisme intra-opérateur horizontal

1.4.4. Parallélisme inter-opérateur

Dans ce type de parallélisme, tous les opérateurs de la requête s'exécutent sur différents processeurs (Figure 15 : Parallélisme inter-opérateur vertical [Taniar08]).

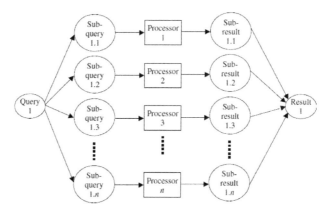

Figure 15 : Parallélisme inter-opérateur vertical

Parmi les avantages de ce type de parallélisme:

i)   il permet de faire travailler plusieurs nœuds sur différents fragments, ce qui tend à limiter le temps d'horloge,

ii)   il permet de limiter le volume de données transférées (dans le cas d'une forte sélectivité),

iii)   il permet aussi d'utiliser des fragments susceptibles de tenir sur un nœud (en mémoire vive ou à l'aide de fichiers d'échange sur disque), ce qui n'est pas nécessairement possible pour des tables de grande taille.

Il existe trois mécanismes de parallélisme de base : le *parallélisme indépendant*, le *parallélisme en tuyau (pipeline)* et le *parallélisme par fragmentation*. Une approche mixte qui consiste à combiner entre ces types offre aussi de meilleurs résultats.

a) Parallélisme Indépendant

Le parallélisme indépendant (en anglais : *Independent Parallelism*), permet d'exécuter en parallèle plusieurs opérations indépendantes d'une même tâche ou requête. Sur l'exemple de la Figure 16 : Parallélisme Indépendant suivante, les deux opérations OP1 et OP2 peuvent profiter de ce type de parallélisme.

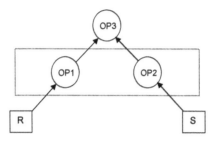

Figure 16 : Parallélisme Indépendant

b) Parallélisme en Tuyau

Le parallélisme en tuyau (en anglais : *Pipelined Parallelism*), est utilisé dans le cas où le résultat d'une opération constitue les données d'entrée pour l'opération suivante (Figure 17). Cette méthode est bien pratique avec un petit nombre de processeurs Figure 15 : Parallélisme inter-opérateur [Taniar08].

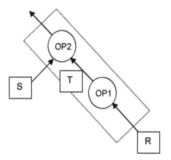

Figure 17 : Parallélisme en Tuyau

c) Parallélisme par Fragmentation

Le parallélisme par fragmentation (en anglais : *Partitioned Parallelism*), dit aussi « par division », permet de fragmenter la charge de travail entre plusieurs processus (Figure 18 : Parallélisme par Fragmentation). Ce mécanisme nécessite à la fin une fusion des résultats pour produire un résultat final.

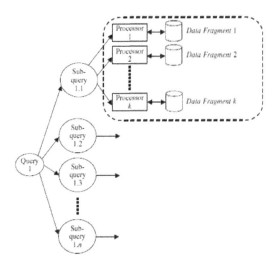

Figure 18 : Parallélisme par Fragmentation

d) Parallélisme mixte

Le parallélisme mixte combine entre les différents types parallélisme: le parallélisme indépendant, celui en tuyau ainsi que le parallélisme par fragmentation (Figure 19 : Parallélisme mixte). Considérons la jointure suivante:

SELECT * FROM T1, T2, T3, T4

WHERE T1.A1 = T2.A1

AND T2.A2=T3.A2

AND T3.A3=T4.A3

Un des scénarios possibles, illustré dans la Figure 19 [Taniar08], est le suivant :

1. Parallélisme indépendant :

Etablir deux jointures en parallèle (R1 = T1 join T2) et (R2 = T3 join T4), R1 et R2 étant les résultats des deux jointures.

2. Parallélisme en tuyau :

Pour chaque tuple produit par R1 et R2, établir une jointure en tuyau avec les résultats R1 et R2. Il reste évident que cette étape commence sans attendre que les deux premières jointures retournent leurs résultats.

3. Parallélisme par Fragmentation :

La jointure (R1 join R2) s'exécute en utilisant le parallélisme par fragmentation qui consiste à établir la jointure sur plusieurs processeurs.

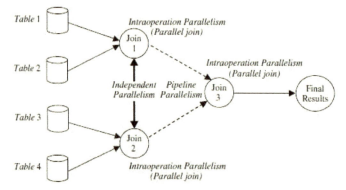

Figure 19 : Parallélisme mixte

1.5. Techniques de mesure de performances

La mesure de performances est l'un des outils permettant de juger si un SGBD parallèle est considéré comme performant ou non, du moment que le but de l'exécution parallèle de requêtes est d'obtenir un gain de performance.

Il existe plusieurs facteurs métriques permettant de quantifier le gain obtenu par une exécution parallèle en plus du temps de réponse. Les plus connues sont le speed-up et le scale-up. Pour en connaître davantage, le lecteur pourra se référer à l'article "Métriques de performance pour les algorithmes et programmes parallèles" (2002).

1.5.1. Le Speed-up ou notion d'accélération

Définition :

L'accélération est le gain de temps obtenu lors de la parallélisation du programme séquentiel [Garcia02]. Un speed-up idéal indique qu'une tâche peut être exécutée deux fois plus vite si l'on dispose de deux fois plus de ressources matérielles (processeurs, disques, mémoire,...).

Formule:

Soit Ts le temps d'exécution, d'une manière séquentielle, d'une tâche de taille fixe et Tp son temps d'exécution en parallèle sur p processeurs, le speed-up obtenu par l'exécution parallèle est défini par :

$$speedup(p) = \frac{T_s}{T_p}$$

Une accélération linéaire correspond à un gain de temps égal au nombre de processeurs (100% activité), donc, le *speed-up* est idéal si *speedup* (p) = p.

L'efficacité de l'algorithme parallèle (Ep) est déduite par le rapport entre le speed-up effectif et le speed-up idéal :

$$E_p = \frac{T_s}{T_p \times p}$$

L'efficacité se définit donc par la normalisation du facteur d'accélération.

Par exemple, si l'on considère un problème résolu en 120 secondes sur une machine séquentielle (c-à-d non parallèle), et 10 secondes sur une machine parallèle avec 16 processeurs, le speed-up est égal à 120/10=12 et l'efficacité du traitement parallèle est de 12/16=0.75=75%.

1.5.2. Le Scale-up ou notion d'efficacité

Définition:

Un scale-up idéal signifie qu'une tâche n fois plus grosse peut être exécutée dans le même temps si l'on dispose de n fois plus de ressources matérielles (notion de "Transaction Scale up" [Taniar08]). Autrement dit, un bon système parallèle est dit "efficace" s'il garde les mêmes performances lors de l'augmentation de la charge de travail lorsque les ressources sont aussi augmentées de manière proportionnelle. Dans le cas de machines "sans partage", cela expliquerait que si par exemple le nombre de transactions exécutées en parallèle double, il suffirait de doubler le nombre de nœuds pour ne pas obtenir une dégradation de performances (notion de "Data Scale up" [Hidouci07, Taniar08]).

Formule:

Soient deux tâches P1 et P2 avec P2 n fois plus gros que P1 et T(Pi, p) le temps d'exécution de la tâche Pi sur p processeurs, le scale-up est défini par:

$$scaleup = \frac{T(P1, p)}{T(P2, p \times n)}$$

Le scale-up est idéal si il reste toujours égal à 1.

1.5.3. Speed-up ou Scale-up ?

La notion de Speedup est liée à la résolution d'un problème donné plus rapidement en le divisant en petits problèmes, alors que le Scaleup est lié à la résolution d'un plus grand problème en appliquant proportionnellement plus de puissance de traitement au problème [Englert89].

L'idéal est d'obtenir en même temps un speed-up linéaire et un scale-up constant. Cependant, la mesure de speed-up est souvent préférée à celle du scale-up pour principalement deux raisons [Bouganim96] :

-   la première mesure est plus facile à mettre en œuvre,
-   la seconde n'est pas toujours utile pour comparer deux systèmes ou deux stratégies d'exécution. Par exemple, dans le cas de mesure du scale-up d'une sélection, pour obtenir une sélection n fois plus grosse, il suffit de multiplier le volume des données à sélectionner par n, ce qui n'est pas valable pour une jointure dont la complexité n'est pas linéairement proportionnelle à la taille de ses opérandes.

1.6. Limites du parallélisme

L'expérimentation a démontré qu'il existe un certain nombre de facteurs qui limite l'obtention de gains en performances lors d'une exécution parallèle. Quelques uns de ces facteurs sont expliqués dans ce qui suit.

1.6.1. Initialisation et mise en place du parallélisme

Avant même que l'exécution parallèle ne débute réellement, deux phases, généralement séquentielles, sont nécessaires:

- *Une phase d'initialisation* qui consiste, entre autres, à ouvrir les relations impliquées dans la requête, à créer la relation résultat, à initialiser le contexte d'exécution propre à chaque opérateur…
- *Une deuxième phase de mise en place du parallélisme,* qui consiste à créer les processus ou les threads impliqués dans l'exécution parallèle, à établir les connexions entre ceux-ci pour mettre en place les communications inter-opérateur…

Plus le degré de parallélisme est grand, plus le nombre de tâches à initialiser et à démarrer est important, ce qui explique les mauvais speed-up obtenus même pour les requêtes de faible complexité telles qu'un opérateur de sélection sur une relation [Bouganim96, Hidouci07, Taniar08]. Il sera donc préférable de choisir un degré de parallélisme en fonction de la complexité de la requête.

1.6.2. Contrôle de l'exécution parallèle

Lors de l'exécution parallèle d'une requête, des messages de contrôle sont échangés entre les différentes entités d'exécution, comme par exemple les processus. Ces messages permettent par exemple de démarrer les opérateurs de la requête ou de signaler leur fin. Ainsi, plus le degré de parallélisme est élevé et plus le nombre de messages de contrôle est important, constituant ainsi le goulot d'étranglement du système, ce qui représentait l'un des obstacles majeurs à l'obtention de bons speed-up. De nombreuses solutions ont été proposées visant à réduire et à limiter le nombre de des messages, notamment l'idée d'introduire, dans le code de la requête, l'ensemble des opérateurs de contrôle nécessaires pour assurer une exécution parallèle correcte.

1.6.3. Interférences

L'interférence, qui apparaît lorsque plusieurs processeurs accèdent simultanément à une même ressource partagée, engendrant la mise en attente de certains processeurs, influe sur l'exécution parallèle. Ces phénomènes d'interférence peuvent survenir tant au niveau matériel ou que logiciel, selon la ressource utilisée (voir des exemples dans [Bouganim96, Taniar08]).

Pour limiter la probabilité d'interférence, une solution consiste à paralléliser la ressource partagée, en la décomposant en sous-ressources indépendantes, pouvant alors être accédées en parallèle.

1.6.4. Le déséquilibre de la charge de travail

La mauvaise répartition des tâches entre les processeurs, ou des données dans les disques [Walton91, Märtens01], implique que certains de ces processeurs vont recevoir plus de travail que d'autres. Cela implique que le temps de réponse de la requête sera alors égal au temps de réponse du processeur le plus chargé.

Dans le cas du parallélisme **intra-requête**, il est difficile de répartir les tâches sur les processeurs car le temps d'exécution peut grandement varier d'une tâche à l'autre, puisque si le parallélisme inter-opérateur est exploité, ces tâches sont issues d'opérateurs différents du graphe de la requête conduisant à des coûts d'exécution très divers, et même si en ne considérant que le parallélisme intra-opérateur, une répartition biaisée des données (data skew) peut conduire à des différences de temps d'exécution entre les instances d'un même opérateur. Des illustrations de ce type de problème sont citées dans [Bouganim96, Taniar08].

Pour remédier à cela, il est nécessaire de répartir les tâches d'une manière équitable entre les différents processeurs alloués pour l'exécution, et d'optimiser le placement des données dans les disques.

De nombreuses solutions sont proposées [Kitsuregawa90, Wolf90, Wolf91, DeWitt92a, Wolf93, Shatdal93, Brunie95, Brunie96].

Dans le cas de parallélisme **inter-opérateur**, il est nécessaire de déterminer, pour chaque opérateur, son degré de parallélisme intra-opérateur et de choisir judicieusement les processeurs alloués pour son exécution. Ne nombreuses solutions sont proposées [Chen93, Lo93, Hsiao94, Mehta95, Rahm95a, Wilshut95].

1.7. Conclusion

Dans ce chapitre, nous avons présenté les principales notions relatives au parallélisme dans le domaine des bases de données : architectures matérielles, formes de parallélisme, la notion de fragmentation et ses variantes, le traitement parallèle des requêtes, les métriques permettant de mesurer le gain d'une exécution parallèle et nous avons enfin cité quelques problèmes liés à l'exécution parallèle.

Chapitre 2 :
Algorithmes parallèles d'exécution de
requêtes

Chapitre 2 : Algorithmes parallèles d'exécution de requêtes

Dans ce chapitre, nous allons présenter les algorithmes de base d'exécution parallèle des requêtes de sélection simple (recherche), de jointure et du tri.

2.1. La recherche

La recherche désigne la sélection d'une information, souvent suivant un critère, représenté dans les requêtes SQL par la clause WHERE.

2.1.1. Recherche séquentielle

Il existe deux types de recherche séquentielle, selon les données si elles sont triées ou pas : recherche linéaire et recherche dichotomique. La première consiste à parcourir tous les tuples, alors que la deuxième consiste à comparer la valeur recherchée avec l'entrée moyenne de la table, permettant ainsi d'éliminer la moitié de la table déjà avec la première comparaison.

2.1.2. Recherche parallèle

Les algorithmes de recherche parallèle se réalisent suivant trois critères principaux :

1. le degré de parallélisme (généralement : nombre de processeurs impliqués),

2. la méthode de recherche locale,

3. la comparaison de clé.

La participation du processeur dans la recherche est déterminée par le type de partitionnement appliqué sur la table. En effet, si on ne sait pas dans quel processeur les données demandées sont stockées, on doit alors rechercher sur tous les processeurs. L'algorithme de recherche parallèle est appliqué sur différents fragments de données, et les résultats finaux de tous les processeurs sont consolidés.

La méthode de recherche locale est décidée suivant la table si elle est triée ou pas. Si les données ont été déjà triées, une recherche dichotomique est appliquée, sinon, dans le cas contraire, une recherche linéaire doit être conduite. Cela s'applique indépendamment du type de requête de recherche, c.-à-d., qu'elle soit une recherche exacte, d'appartenance ou une sélection d'intervalle. L'algorithme de recherche est appliqué sur tous les processeurs, et les résultats finaux sont consolidés.

La comparaison de la clé consiste à prendre la juste décision de continuer ou non la recherche après qu'un tuple ait été trouvé. Seul le cas d'une recherche exacte sur un attribut de type UNIQUE qui pourrait bénéficier de l'arrêt de la recherche.

2.2. La jointure

La jointure est l'opération relationnelle binaire la plus fréquente et la plus abondamment traitée dans la littérature. On donnera dans cette section un aperçu sur quelques algorithmes basiques de jointure : par hachage classique, par hachage non bloquant (pipeline hash join), par produit cartésien et la jointure par tri-fusion, applicables sur le modèle à base de fragmentation.

Nous n'abordons pas l'approche non fragmentée puisqu'elle est uniquement applicable sur des architectures à mémoire partagée.

2.2.1. Jointure par hachage classique

La jointure par hachage classique consiste à bâtir une table de hachage sur l'attribut de jointure sur la plus petite relation. Les trois principales variantes de jointure par hachage sont : la jointure par hachage simple [Delobel82], par le hachage « Grace » [Kitsuregawa83] et par le hachage hybride [DeWitt84, Schneider89].

a) Jointure par hachage simple

La jointure par hachage simple s'effectue en deux phases séquentielles :

- la première phase **build** (de construction) consiste à bâtir une table de hachage sur l'attribut de jointure sur la plus petite relation.

- la deuxième phase dite de **probe** commence dès que la table de hachage est entièrement construite. Elle consiste à prendre chaque tuple de la seconde relation, à calculer sa valeur de hachage (par la même fonction), et à le comparer avec les tuples de la première relation ayant la même valeur de hachage. Le résultat peut être envoyé en pipeline à l'opérateur suivant.

Dans ce cas, la jointure s'effectue paquet à paquet à condition que les deux relations à joindre soient fragmentées sur l'attribut de jointure. Lorsque les deux relations doivent être redistribuées sur cet attribut, il y aura donc quatre opérateurs qui s'exécuteront en deux phases séquentielles : Scan1, Build, Scan2 puis Probe (Figure 20 : Jointure par hachage de deux relations).

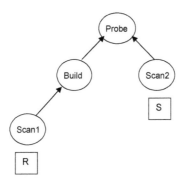

Figure 20 : Jointure par hachage de deux relations

Le déroulement de l'exécution avec p processeurs alloués pour chaque opérateur se passe comme suit:

- **Scan1 :** les paquets de la relation R distribués sur les p disques correspondant sont lus parallèlement par les p processeurs.

- **Build :** cette phase se déroule en deux étapes :
  o pour chaque tuple lu, une fonction de hachage h1 est appliquée sur l'attribut de jointure permettant de fragmenter la relation R en p paquets. Le tuple est envoyé au processeur (du build) correspondant à la valeur de hachage.
  o Sur réception d'un tuple, chaque processeur calcule une seconde fonction de hachage h2 sur le même attribut et insère le tuple dans la table de hachage locale.

  Lorsque l'ensemble des tuples ont été lus sur le disque et redistribués, p tables de hachage (chaque table est associée à un processeur) sont construites et la phase de build est terminée.

- **Scan2 :** les tuples de la relation S sont lus par les p processeurs exécutant le scan2 et la même fonction de hachage h1 est appliquée.

- **Probe :** cette phase se déroule en deux phase aussi :
  o Chaque tuple sera adressé au processeur du probe correspondant à sa valeur de hachage.
  o Chaque processeur teste le tuple avec l'entrée de la table de hachage de R correspondante en appliquant la fonction de hachage h2 et produit ainsi le résultat.

Les tuples de la relation S sont répartis dans des paquets (buckets) correspondant à une entrée de la table de hachage. Chaque tuple de R est comparé aux tuples du paquet correspondant. Quand la table de build ne tient pas en mémoire, on choisit une fonction de hachage f(x) à N entrées, telle que chaque paquet généré puisse tenir en mémoire (si b pages de mémoire sont disponibles, un paquet doit en occuper au plus b-2). Si plusieurs paquets sont susceptibles tenir en mémoire, ils peuvent y coexister et les autres sont écrits sur disque et chargés au besoin.

Soit f la fonction de hachage servant à construire les paquets, et retournant des valeurs comprises entre 1 et n. On procède en scrutant d'abord les tuples de la relation interne R. Seuls les tuples vérifiant f(a)=1 sont conservés ; les autres sont replacés sur le disque, page par page, dans une relation R'. Les tuples vérifiant f(a)=1 sont insérés dans la table de hachage à l'aide d'une seconde fonction g différente de f. Les tuples de la relation externe S sont ensuite scrutés. A nouveau, ceux ne vérifiant pas f(b)=1 sont placés sur disque dans une relation S', et ceux vérifiant f(b)=1 sont comparés aux tuples de la table de hachage (suivant la fonction g). On recommence ensuite avec R' et S' et f(x)=2, et ainsi de suite jusqu'à f(x)=n. La Figure 21 : Jointure par hachage simple [Exbrayat99] illustre la technique de jointure par hachage classique.

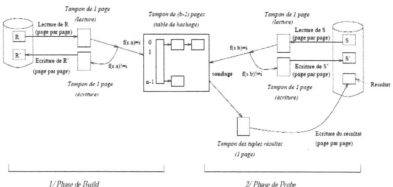

Figure 21 : Jointure par hachage simple

Avantages et inconvénients :

Ce type de jointure offre généralement de meilleures performances. L'autre avantage majeur est l'absence d'interférence entre les processeurs du fait qu'il n'y a pas de construction ni de consultation de la table de hachage entre les processeurs.

Parmi les inconvénients de ces modèles, on pourra citer le surcoût de redistribution, la synchronisation producteur/consommateur et l'assignation des processeurs aux opérateurs [Bouganim96].

b) Jointure par hachage "Grace hash join"

Cet algorithme permet de limiter les réécritures de tuples du hachage simple, en appliquant le hachage sur les deux relations R et S en choisissant une fonction telle que chaque paire de paquets de R et S, correspondant à la même entrée de la table de hachage, puissent tenir en mémoire. Une fois le hachage terminé, on peut joindre les paires de paquets par hachage simple (à l'aide d'une seconde fonction de hachage différente de la première), mais sans contrainte mémoire.

c) Jointure par hachage hybride

Comme pour le hachage « Grace », on construit des paquets susceptibles de tenir en mémoire, mais alors que dans l'algorithme « Grace », la construction des paquets et la jointure constituent deux phases dissociées, le hachage hybride propose de construire la table de hachage du premier paquet durant la construction des paquets.

2.2.2. Jointure par hachage non bloquant (pipeline hash join)

La jointure par « hachage non-bloquant » [Wilshut91], basé sur le même principe que la jointure par hachage classique, consiste à éliminer la première phase de build, afin de supprimer l'aspect bloquant de la jointure par hachage classique.

Elle fonctionne de façon symétrique pour la relation interne et externe, et deux tables de hachage sont construites au fur et à mesure de l'exécution. Chaque tuple t_R d'une relation R est haché et testé avec la table de hachage de S existante à un instant donné puis inséré dans la table de hachage de R quel que soit le résultat du test. De la même manière, un tuple t_S de S est testé avec la table de hachage de R puis inséré dans la table de hachage de S.

En résultat, soit t_S a déjà été inséré dans la table de S et le tuple résultat est produit, soit ce n'est pas le cas, et, le tuple résultat sera de toute façon produit. En effet, t_S sera forcément testé avec la table de hachage de R où t_R aura été inséré. La Figure 22 : Jointure par hachage non-bloquant [Exbrayat99] illustre cette technique.

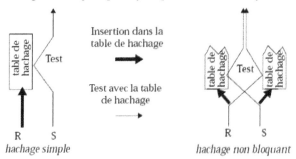

Figure 22 : Jointure par hachage non-bloquant

Avantages et inconvénients :

Cet algorithme de hachage non-bloquant se parallélise facilement et permet d'exécuter l'ensemble des opérateurs concurremment (en pipeline). De plus, il permet de produire les premiers tuples résultat immédiatement. Toutefois, il entraîne une consommation mémoire plus importante puisqu'il nécessite la matérialisation complète de toutes les relations.

2.2.3. Jointure par produit cartésien

a) Jointure par produit cartésien simple : Une jointure par produit cartésien [Ullman85] consiste à comparer chaque tuple de la relation externe R (probe) avec tous les tuples de la relation interne (build) S où tous ses tuples sont disponibles durant toute la jointure. Comme illustré dans la voir Figure 23 [Exbrayat99], les tuples de la relation R sont comparés aux tuples de S et ne sont pas conservés après leur comparaison.

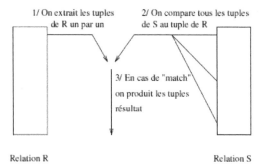

Figure 23 : Jointure par produit cartésien

Inconvénients :

Cette technique est considérée lourde car elle implique un grand nombre de comparaisons.

Elle nécessite de plus, pour des relations internes de grande taille ne pouvant pas complètement tenir en mémoire vive, d'effectuer un grand nombre d'entrée-sorties qui se font en général par pages de données et non par tuples.

b) Jointure par produit cartésien par bloc :

Afin de limiter les entrées-sorties dans le cas de relations ne tenant pas en mémoire, on peut réaliser la jointure par bloc (Figure 24 : Jointure par produit cartésien par bloc).

Celle-ci consiste à charger en mémoire le plus grand nombre possible de pages de R qui seront prises une par une afin de comparer leur contenu, page par page, aux tuples de S (une page de S est chargée en mémoire à la fois). Si b pages de mémoire sont disponibles, b-2 pages sont utilisées pour R. Une des deux pages restantes est utilisée afin de charger à tour de rôle les pages de S. La seconde sert à stocker les tuples résultats (elle est écrite sur disque lorsqu'elle est pleine). Ainsi, les tuples des pages de R en mémoire sont comparés à ceux de chaque page de S. Lorsque toutes les pages de S ont été chargées afin que les tuples de R leurs soient comparées, on charge b-2 nouvelles pages de R, et on leur présente les pages de S, et ainsi de suite jusqu'au traitement complet de R.

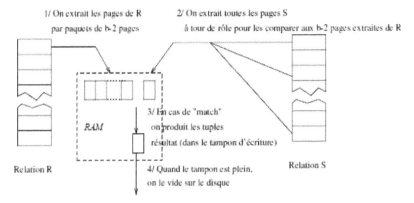

Figure 24 : Jointure par produit cartésien par bloc

c) Jointure par produit cartésien par indexation des tuples :

La jointure par produit cartésien peut encore être améliorée par indexation des tuples [Korth88] telle que adoptée par Oracle [Abdellatif95]. En effet, dans les cas ci-dessus, chaque tuple de R est comparé à l'ensemble des tuples de S. Si l'on introduit un index sur les tuples de S, on peut alors, pour chaque tuple de R, scruter l'index, afin d'y récupérer un pointeur sur les pages de S contenant des tuples correspondant au tuple de R. De cette manière, il suffit ensuite de charger les pages contenant les tuples de S, afin d'en extraire ceux-ci et de les joindre au tuple de R en cours de traitement.

d) Parallélisation de la jointure par produit cartésien

La parallélisation la plus simple de ces algorithmes se fait en répartissant la relation externe R sur les processeurs et en dupliquant la relation interne S sur chacun de ces processeurs. Une amélioration évidente consiste à répartir les deux tables à l'aide d'une fonction (commune) de hachage (ou par intervalle) portant sur l'attribut de jointure. Les variantes faisant intervenir un index supposent que S ait été indexée à l'avance. Cet algorithme sera plus intéressant si S est répartie suivant l'attribut de jointure et à l'aide d'une fonction de hachage ou par intervalles, car R peut alors être répartie de même plutôt que dupliquée sur chaque processeur.

2.2.4. Jointure par tri-fusion

Afin d'éviter le balayage de S présenté dans la jointure par produit cartésien, une technique consiste à trier les deux relations suivant l'attribut de jointure [Aho87, Knuth98]. Le tri des relations est effectué d'abord par un tri de chaque page indépendamment (tri interne), puis un tri des pages entre elles (tri externe) et enfin par une fusion des deux relations.

Considérons R.a l'attribut de jointure de R et S.b l'attribut de jointure de S. Le principe consiste à partir du premier tuple de R et du premier tuple de S. Si R.a est inférieur à S.b, on passe au tuple suivant de R, si R.a est supérieur à S.b, on passe au tuple suivant de S, est enfin si R.a et S.b sont égaux, on produit un tuple résultat. On passe ensuite au tuple suivant d'une des deux relations.

Il existe plusieurs techniques de parallélisation permettant un tri en parallèle puis une fusion sur un processeur unique [Valduriez84], ou une répartition de R et S suivant l'attribut de jointure (par hachage ou intervalles) afin d'appliquer le tri fusion en local sur chaque processeur [Schneider89].

2.3. Le tri

Le tri est l'une des opérations les plus consommatrices en ressources. Il existe des algorithmes simples de tri, et des variantes de tri parallèle.

2.3.1. Tri simple

Nous présentons brièvement, dans cette partie, les algorithmes de tri les plus connus.

a) Tri par Sélection (Selection sort)

Ce type de tri consiste à :

1. Rechercher (sélection) du plus petit élément,
2. Placer le plus petit élément en tête.

Supposons le tri de n valeurs contenues dans un tableau A :

Pour i=1 à n-1

      trouver minimum A[j] de A[i]…A[n]

      échanger A[i] et A[j]

FinPour

b) Tri par bulles (Bubble sort) :

Cet algorithme fonctionne comme suit :

1. Parcourir le tableau en comparant deux à deux les éléments successifs, et de les permuter s'ils ne sont pas dans l'ordre,

2. Répéter tant que des permutations sont effectuées.

c) Tri par Insertion (Insertion sort) :

Cet algorithme est basé sur la supposition qu'une partie de départ est triée.

Nous insérons, itérativement, le prochain élément dans la partie qui est déjà triée précédemment.

La partie de départ qui est triée est considérée comme le premier élément.

d) Tri par fusion :

Cet algorithme consiste à diviser la suite des données à trier en deux parties égales.

Après que ces deux parties soient triées d'une manière récursive, elles sont fusionnées pour le tri de l'ensemble des données.

e) Tri rapide (Quick Sort) :

Cet algorithme consiste, dans un premier temps, à diviser la suite à trier en deux parties séparées par un élément appelé « pivot » de telle manière que les éléments de la partie de gauche soient tous inférieurs ou égaux à cet élément et ceux de la partie de droite soient tous supérieurs à ce pivot.

Ensuite, d'une manière récursive, ce procédé est répété sur les deux partitions ainsi créés.

2.3.2. Tri parallèle

Nous présentons dans cette partie deux versions parallèles de tri simple, on l'occurrence : tri par fusion et tri rapide.

a) Tri parallèle par fusion :

Le tri par fusion consiste à découper la suite des données (un tableau) à trier en deux parties à tailles égales. Ces deux parties peuvent être triées en parallèle. Les éléments des deux tableaux triés seront interclassés et donc la suite initiale est triés.

b) Tri parallèle rapide (Parallel Quick Sort) :

La variante la plus simple et naïve du tri parallèle rapide consiste à découper la suite à trier en p parties égales, p étant le nombre de processeurs, et chaque processeur applique l'algorithme séquentiel de tri dans la partie qui lui été allouée. Les sous-résultats seront réarrangés dans un tableau final.

2.4. Conclusion

Dans ce chapitre, nous avons présenté quelques algorithmes de sélection simple, de jointure et de tri. Nous avons aussi cité quelques versions d'algorithmes parallèles relatives.

La portabilité de tels algorithmes dans le cas de l'architecture « Shared-Nothnig » est intéressante, du moment qu'il existe, de nos jours, des outils facilitant la communication entre les calculateurs (ou sites).

Néanmoins, certaines fonctionnalités ne sont pas prises en compte dans notre étude, puisque notre contribution est orientée aux « réseaux de SGBD » et non aux « réseaux de stations ».

Chapitre 3 :
Le SGBD PostGreSQL et le Projet PGPOOL

Chapitre 3 : Le SGBD PostGreSQL et le Projet PGPOOL

3.1. Introduction

PostgreSQL[4] est un système de gestion de bases de données, supportant une grande partie du SQL standard. Certaines de ses fonctionnalités sont similaires à celles des ses concurrents propriétaires comme Oracle, et a l'avantage d'être un logiciel gratuit et open source.

Il s'avère également être très fiable et ne cesse de prouver ses bonnes performances [Matthew05].

Il est supporté par de nombreuses plateformes, notamment celles compatibles UNIX, tout comme FreeBSD, Linux, Mac OS X et la famille Microsoft Windows NT/2000/2003 et XP.

PostgreSQL s'appuie sur le modèle relationnel mais apporte les extensions suivantes :

- les classes,
- l'héritage,
- les types de données utilisateurs (tableaux, structures, listes..),
- les fonctions,

Cela permet de qualifier PostgreSQL de système de gestion de base de données relationnel-objet[5] (SGBDOR).

PostgreSQL offre de nombreuses fonctionnalités modernes [PGDG06] :

- La possibilité d'imposer des contraintes à l'insertion des données
- Les requêtes complexes
- Les clés étrangères
- La gestion des événements (déclencheurs ou triggers)
- Les contraintes d'intégrités (garantie d'intégrité des données)
- Création des vues
- L'héritage des tables et des types de données
- Les procédures stockées (programmation coté serveur)
- Les transactions (plusieurs étapes en une seule opération) et leur intégrité
- contrôle des accès concurrents (MVCC ou MultiVersion Concurrency Control).

---

[4] Dont le site web officiel est : www.postgresql.org, ainsi que le site francophone
http://www.postgresqlfr.org.
[5] à ne pas confondre avec les bases de données orientées objets qui ne supportent pas SQL, mais OQL
(Object Query Language).

De plus, PostgreSQL™ est extensible par l'utilisateur de plusieurs façons [PGDG06]. En ajoutant, par exemple, de nouveaux :

- types de données,
- fonctions,
- opérateurs,
- fonctions d'agrégat,
- méthodes d'indexage,
- langages de procédure.

PostgreSQL est livré avec plusieurs documents très complets :

- un tutorial, qui permet d'avoir une vision assez rapide du produit,
- un guide de l'utilisateur,
- un guide du programmeur,
- un guide de l'administrateur,
- un guide des interfaces,
- un guide supplémentaire pour ceux qui veulent contribuer au développement de PostgreSQL.

PostgreSQL fonctionne sur plus de 20 environnements depuis la version 6.4. Un pilote conforme aux standards ODBC ou JDBC est disponible pour les autres environnements.

3.2. Historique

A l'origine POSTGRES était un projet de recherche en base de données dirigé par le Professeur Michael Stonebraker de l'Université de Berkeley. Son développement a débuté en 1986 et une version démo devint opérationnelle en 1987. Les concepts initiaux du système ont été présentés dans [Stonebraker86a] et la définition du modèle de données initial apparut dans [Rowe87]. Le système de règles fût décrit dans [Stonebraker87a] et l'architecture du gestionnaire de stockage dans [Stonebraker87b] puis implémenté dans la version 1 [Stonebraker90a] en 1989. Le système de règles, critiqué dans [Stonebraker89], fût réécrit [Stonebraker90b] pour être implémentée dans la version 2, présentée en juin 1990. La version 3 apparut en 1991. Elle apporta le support de plusieurs gestionnaires de stockage, un exécuteur de requêtes amélioré et une réécriture du gestionnaire de règles. La plupart des versions qui suivirent, jusqu'à Postgres95™, portèrent sur la portabilité et la fiabilité. En 1994, Andrew Yu et Jolly Chen ont ajouté le langage SQL à POSTGRES, et le code fut alors publié sur le Web.

A partir de 1996, il a été renommé en "PostgreSQL", pour refléter la relation entre le POSTGRES originel et les versions plus récentes supportant SQL. Fondé sur *POSTGRES, Version 4.2*™ [PGDG06], les numéros de version furent réinitialisés à 6.0, de façon à revenir dans la séquence d'origine du projet POSTGRES. Depuis les années 90, POSTGRES™ fut utilisé dans plusieurs applications, en recherche et en production. On peut citer, par exemple : un système d'analyse de données financières, un programme de suivi des performances d'un moteur à réaction, une base de données de suivi d'astéroïdes, une base de données médicale et plusieurs systèmes d'informations géographiques. POSTGRES™ a aussi été utilisé comme support de formation dans plusieurs universités.

3.3. Architecture

PostgreSQL est un modèle client/serveur, offrant un bénéfice énorme pour les développeurs. Une session PostgreSQL se compose de différents programmes coopérant dont :

- Le processus serveur, appelé postmaster, qui gère les fichiers de la base de données, accepte les connections à la base de données des applications clientes, et qui exécute les requêtes sur la base pour les clients. Il est exécuté en permanence, en attente de nouvelles connections.
- L'application d'utilisateur client qui veut procéder à des opérations sur la base de données. Ces applications clientes peuvent être très diverses : outil texte, application graphique, serveur Web qui utilise une base de données pour stocker des informations etc.

Il s'agit d'une application serveur/client typique, le client et le serveur peuvent être sur des postes différentiels. Dans ce cas, ils se servent de connections TCP/IP, utilisant un réseau local LAN ou via un réseau étendu comme Internet (voir figure suivant). Un serveur PostgreSQL peut supporter de multiples connections, pour cela il lance de nouveaux processus ("forks") à chaque connexion. Ainsi, le client d'un nouveau processus peut communiquer avec la base de données sans l'intervention du processus postmaster original (Figure 25 : Architecture du SGBD PostgreSQL).

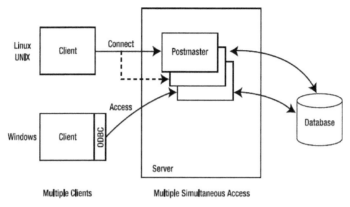

Figure 25 : Architecture du SGBD PostgreSQL

A l'instar des SGBD commerciaux, PostgreSQL ne fournit pas directement des mécanismes de haute disponibilité et de répartition de la charge [Matthew05], mais peut être combiné avec certaines solutions afin de fournir ces avantages. Pour plus de détails sur ces solutions, le lecteur pourra se référer à [PGDG06] (Chapitre 24. Haute disponibilité et répartition de charge).

3.4. Projets liés à POSTGRESQL

De nombreux projets liés à PostgreSQL sont disponibles sur PgFoundry (http://www.pgfoundry.org), site web qui héberge les projets en relation avec la distribution PostgreSQL™, et sur Gborg (http://gborg.postgresql.org), site d'origine des développeurs externes.

Nous pouvons citer [PGDG06] :

- PgBouncer[6] : ce projet traite la réutilisation des connexions déjà existantes pour les nouveaux clients, afin d'éviter les délais d'établissement des connexions lors de l'initialisation d'un processus client.
- Interfaces client : Il n'existe que deux interfaces client dans la distribution de base de PostgreSQL :
    o libpq, car il s'agit de l'interface principal pour le langage C et parce que de nombreux interfaces clients sont construits à partir d'elle ;

---

[6] Un comparatif entre PgBouncer, PgPool-I et PgPool-II est disponible dans [Lelarge07]

    o   ecpg, car il dépend de la grammaire SQL côté serveur et est donc sensible aux modifications internes de PostgreSQL™.

Parmi les projets externes, nous citons : JDBC, libpqxx (Interface C++, nouveau style) et NPostgreSQL (Fournisseur de données .NET).

- Langages procéduraux : PostgreSQL™ inclut plusieurs langages procéduraux avec la distribution de base : PL/PostgreSQL, PL/Tcl, PL/Perl et PL/Python. Parmi ceux développés et maintenus en dehors de la distribution principale de PostgreSQL™, nous citons : PL/Java, PL/PHP et PL/sh (Unix shell).

- PGCluster, qui est un projet bâtis sur l'architecture à « Disques Partagés » [Mitani07], destinée aux applications Web et OLTP. Ce projet a pour buts : la haute disponibilité, l'amélioration des performance .

- PGPOOL: que nous allons présenter dans ce qui suit.

3.5. Le projet PGPOOL

Pgpool-II, dont le projet est présenté dans http://pgfoundry.org/projects/pgpool/, est un serveur de connections (outil de gestion des connexions) et de réplication pour PostgreSQL. Il fonctionne comme middleware entre les serveurs PostgreSQL et ses clients. Il offre aussi l'exécution parallèle des requêtes sur des serveurs PostgreSQL.

3.5.1. Historique

Le développement de PGPOOL-I (initialement PGPOOL) a commencé en 2003 comme projet personnel [Ishii06]. Le projet a connu un développement rapide. La version 1.0 est sortie en mars 2004 avec intégration de la Réplication synchrone. Quelques mois après, la version 2.0 est sortie avec la prise en charge du Load balance (juin 2004).

Par la suite, PgPool a été entièrement recodé dans sa version II, qui peut être configurée pour être exécutée en mode PgPool-I. Celle-ci comprend de nombreuses améliorations sur les deux fonctionnalités les plus en vogue : la répartition de charge et la réplication. Les rares tests sur le "spooler de connexions" ont montré qu'il n'a pas apporté un gain en performance [Lelarge07].

3.5.2. Fonctionnalités

PGPOOL II offre les fonctionnalités suivantes:

1. Pooling de connections : Le temps de mise en place de la connexion au serveur PostgreSQL est souvent important. Dans le cas de connexions très fréquentes à

la base (serveurs web par exemple), un tel système est une bonne solution. Pgpool-II enregistre les connexions au serveur PostgreSQL, et les réutilise à chaque nouvelle connexion avec les mêmes propriétés (c'est-à-dire nom d'utilisateur, base de données, version du protocole). Cela réduira la surcharge due à l'établissement des connections et donc, en conséquence, de réduire les frais généraux de connexion et améliore les performances globales du système. Pgpool-II gère donc du "fail-over", c'est-à-dire dans ce mode de "pooling de connections", si le serveur PostgreSQL maître tombe, pgpool détache le serveur cassé et continue de fonctionner avec le serveur PostgreSQL en Stand-By.

2. Réplication : Pgpool-II peut gérer de multiples serveurs PostgreSQL. Utilisation de la fonction de réplication en temps réel permet de créer une copie de sauvegarde sur 2 ou plusieurs disques physiques, afin que le service puisse continuer sans arrêter les serveurs en cas de défaillance d'un disque. Dans ce mode de réplication, si un des serveurs PostgreSQL tombe en panne, pgpool détache le serveur défectueux et continue de fonctionner avec le serveur survivant.

3. Equilibrage de la charge : Pgpool-II supporte aussi la répartition de charge (load balancing) entre le serveur maître et le serveur secondaire, optimisant l'exécution dans le cas où il existe un grand nombre d'utilisateurs exécutent des requêtes en même temps. Si une base de données est répliquée, l'exécution d'une requête SELECT sur n'importe quel serveur retournera au même résultat. Pgpool-II saisi l'avantage de la fonctionnalité de réplication afin de réduire la charge sur chaque serveur PostgreSQL en distribuant des requêtes SELECT entre plusieurs serveurs. Mieux encore, les performances s'améliorent proportionnellement au nombre de serveurs PostgreSQL. Cela améliore considérablement les performances des ordres de type SELECT.

4. Exécution parallèle des requêtes : la répartition des données sur les différents serveurs permet d'exécuter une requête simultanément sur tous les serveurs pour le but de réduire le temps d'exécution global. Cette fonctionnalité fonctionne mieux lors de la recherche dans les grandes bases de données.

3.5.3. Fonctionnement

Comme nous l'avons déjà cité, PGPOOL fonctionne comme middleware entre les serveurs PostgreSQL et ses clients. Les notions de PostgreSQL "backend" et "frontend" protocole sont utilisées. PGPOOL relie le client au serveur POSTGRESQL avec une connexion entre eux. Par conséquent, un client (frontend) pense que pgpool-II est le serveur PostgreSQL, et le serveur (backend) voit pgpool-II comme l'un de ses clients. De ce fait, l'utilisation de PGPOOL-II est transparente pour le serveur ainsi que pour le client et ainsi, n'importe quelle application cliente existante peut être utilisée avec pgpool-II presque sans changement à ses sources.

3.5.4. Plateformes supportées

Pgpool-II fonctionne sur Linux, Solaris, FreeBSD et la plupart des architectures Unix, mais non encore supporté sur Windows. Il supporte le serveur PostgreSQL versions 6.4 et ultérieures. Cependant, pour utiliser le mode « requêtes parallèles », la version 7.4 ou supérieure doit être utilisée.

3.5.5. Modes

Il existe plusieurs modes de fonctionnement dans PGPOOL-II. Chaque mode est associé des fonctions qui peuvent être activées ou désactivées, et les paramètres de configuration pour contrôler leurs comportements. Les fichiers de configuration de pgpool-II sont par défaut, dans les platesformes UNIX et compatibles, dans **/usr/local/etc/pgpool.conf** et **/usr/local/etc/pcp.conf**. Ces fichiers sont décrits en annexe.

Nous donnons dans ce qui suit une brève description de cinq principaux modes. Une description détaillée est donnée en annexe.

Fonction / Mode	Raw mode	Mode "Pool de connexions"	Mode "Réplication"	Mode "Maître/Esclave"	Mode "Requêtes Parallèles"
Connection Pool	X	O	O	O	0
Réplication	X	X	O	X	(*)
Load Balance	X	X	O	O	(*)
Dégénérescence	X	X	O	O	X
Failover	O	O	X	X	X
Parallel Query	X	X	X	X	O
Nombre de serveurs requis	1 ou plus	1 ou plus	2 ou supérieur	2 ou supérieur	2 ou supérieur
Système DB requis?	Non	Non	Non	Non	Oui

Table 1 : Les cinq modes de PGPOOL-II

(*) Les fonctions de la réplication et l'équilibrage de charge ne peuvent pas être utilisé pour la table préservée en divisant les données en mode parallèle de requêtes.

3.5.6. Limites de PGPOOL-II

1. Authentification / contrôles d'accès

Pgpool-II ne prend pas en charge les contrôles d'accès. Si la connexion TCP / IP est activée, pgpool-II accepte toutes les connexions à partir de n'importe quel hôte. En cas de nécessité, l'utilisation de *iptables* est recommandée afin de contrôler l'accès depuis d'autres hôtes.

2. Fonctions dans le mode "Replication"

* Les développeurs de PGPOOL ne garantissent pas, dans ce mode, le renvoie des fonctions de mêmes valeurs sur plusieurs backends, même si la même requête a été exécutée (par exemple: nombre aléatoire, ID de transaction, OID, SERIAL, sequence, CURRENT_TIMESTAMP).

* Les tables créées par CREATE TABLE TEMP ne sont pas supprimées après avoir quitté la session. C'est en raison que le pool de connexion lui semble que la session est encore active. Une solution est donnée pour éviter cela: supprimer explicitement la table temporaire par DROP TABLE, ou par l'utilisation de CREATE TABLE TEMP ... ON COMMIT DROP à l'intérieur du bloc de transaction.

3. Requêtes

Nous citons dans ce qui suit quelques types de requêtes qui ne sont encore pas prises en charge par pgpool.

a. INSERT (pour le mode parallèle)

- Vous ne pouvez pas utiliser DEFAULT dans sur la clé de partitionnement.
- Les fonctions ne peuvent pas être utilisés comme valeur.
  - o Exemple : INSERT INTO t (x) VALUES (func ());
- Les valeurs constantes doivent être utilisées avec la clé de partitionnement dans l'INSERT. SELECT INTO et INSERT INTO ... SELECT ne sont également pas pris en charge.

b. UPDATE (pour le mode parallèle)

- Si les valeurs de la clé de partitionnement sont mises à jour, on risque une incohérence des données entre les backends et Pgpool-II ne possède pas de mécanisme de repartitionnement des données après cette de la mise à jour.
- Si une requête a provoqué une erreur sur certains backends en raison d'une violation de contrainte, la transaction ne peut être annulée.
- Si une fonction est appelée dans la clause WHERE, cette requête pourrait ne pas

être exécuté correctement.

- o Exemple: UPDATE branches set bid = 100 WHERE bid = (select max (bid) FROM branches);

c. SELECT ... FOR UPDATE (pour le mode parallèle)

Si une fonction est appelée dans la clause WHERE, cette requête pourrait ne pas être exécuté correctement.

- o Exemple: SELECT * FROM branches WHERE bid = (select max (bid) FROM branches) FOR UPDATE;

d. COPY (mode parallèle)

COPY BINARY n'est pas supporté ainsi que la copie à partir de fichiers.

Seuls COPY FROM STDIN et COPY TO STDOUT sont supportés.

e. ALTER / CREATE TABLE (mode parallèle)

Si la règle de partitionnement a été modifiée, pgpool-II doit être redémarré afin de les lire sur le Système DB.

f. Transaction (mode parallèle)

Un SELECT exécuté l'intérieur d'une transaction doit être exécuté dans une transaction distincte. Par exemple:

BEGIN;

INSERT INTO t(a) VALUES (1);

SELECT * FROM t ORDER BY a; <-- l'insertion précédente n'est pas visible par ce SELECT

END;

g. Vues / Règles (mode parallèle)

PGPOOL créé les mêmes vues et règles sur l'ensemble des backends.

Une jointure de la forme (SELECT * FROM a, b where a.i = b.i) est exécutée dans chaque backend. Le résultat est la fusion de ces résultats. Les vues et les règles qui sont reliés à travers les nœuds ne peuvent pas être créés.

Cependant, pour réaliser une jointure sur des tables qui partitionnent les données uniquement dans le même noeud, les vues peuvent être crées.

h. Fonctions / Triggers (mode parallèle)

Les mêmes fonctions et triggers sont créées sur l'ensemble des backends. Les jointures sur plusieurs nœuds, et les données sur les autres nœuds ne peuvent être manipulés dans les fonctions.

i. Encodage des caractères multi-octets (pour tous les modes)

Pgpool-II ne traduit pas entre les différents caractères multi-octets. L'encodage pour le client, et le système DB et les backends doit être la même.

j. Deadlocks - blocages - (mode parallèle)

Certains deadlocks dans l'ensemble du backends ne peuvent pas être détectés. Par exemple:

La table tellers est partitionnées utilisant la règle suivant :

tid <= 10 --> node 0

tid >= 10 --> node 1

A) BEGIN;

B) BEGIN;

A) SELECT * FROM tellers WHERE tid = 11 FOR UPDATE;

B) SELECT * FROM tellers WHERE tid = 1 FOR UPDATE;

A) SELECT * FROM tellers WHERE tid = 1 FOR UPDATE;

B) SELECT * FROM tellers WHERE tid = 11 FOR UPDATE;

Dans le cas ci-dessus, un seul nœud ne peut pas détecter le blocage, donc pgpool-II va attendre infiniment la réponse. Ce phénomène se produit aussi avec les requêtes qui acquièrent des verrous sur des lignes. Une solution à ce problème consiste à configurer le paramètre `replication_timeout`.

4. Système DB

a. Règles de partitionnement

Une seule clé de partitionnement peut être définie dans une règle de partitionnement. Des conditions telles que "x ou y" ne sont pas supportés.

5. Cache de requêtes

Actuellement, le cache des requêtes doit être supprimé manuellement. Pgpool-II n'invalide pas le vieux cache des requêtes automatiquement lorsque les données sont mises à jour.

3.6. Conclusion

Nous avons présenté dans ce chapitre le SGBD Post-Relationnel PostgreSQL. Après une brève introduction, nous avons cité l'historique de cet SGBD, présenté son architecture et énuméré certains projets qui lui sont liés.

Dans une deuxième partie, nous avons détaillé le projet PG-POOL, qui est lié à notre domaine de recherche, et nous avons dénombré les fonctionnalités manquantes de ce système.

Chapitre 4 :
Parallel Query System (PQS)

Chapitre 4 : Parallel Query System (PQS)

Nous avons proposé un système, que nous allons décrire dans ce chapitre, intitulé « Parallel Query System ».

Comme son nom l'indique, il s'agit d'un système qui se charge de faire exécuter des requêtes en parallèle sur un ensemble de Serveurs de Bases de Données, et en particulier dans notre cas, des Serveurs PostgreSQL.

A notre connaissance, d'anciennes architectures, comme celles proposées par Rahm et Marek [Rahm93, Rahm95b] ainsi qu'Exbrayat [Exbrayat99], qui ont été conçues pour évaluer l'exécution de certains types de requêtes de lecture, sont beaucoup plus orientées vers les aspects matériels et physiques. De plus, ces recherches traitent le cas d'un SGBD « purement » parallèle, alors que notre contribution est liée aux ensembles de SGBD et à leurs techniques de parallélisme.

Dans notre cas, nous avons préféré de dresser une architecture modulable, offrant une décomposition du système et donnant l'occasion à de travaux futurs d'intégrer facilement d'éventuels modules, sans contrainte de programmation, ni encore matérielle et physique.

Dans ce chapitre, nous allons noter quelques considérations liées à la conception de notre système, nous présentons l'architecture globale du système ainsi que son architecture interne.

Nous discutons par la suite certaines particularités liées à notre système, et nous mettrons enfin le point sur les détails de la mise en œuvre.

4.1. Considérations

Nous présentons dans cette partie certaines considérations que nous avons prises en compte dans la conception de notre système.

1. Partitionnement :

Comme schéma de partitionnement, nous avons pris en compte la fragmentation horizontale (c.f. Section 1.3.1.a) sur un attribut de fragmentation prédéfini afin de permettre à chaque serveur d'exécuter les requêtes indépendamment des autres [Hellerstein07].

2. Dictionnaire de données et vérification sémantique et syntaxique :

Puisque nous n'avons pris en compte que le partitionnement horizontal, le dictionnaire de données sera en réalité dupliqué en totalité sur tous les serveurs PostgreSQL. En conséquence, la vérification sémantique et syntaxique sera confiée à chaque serveur.

4.2. Architecture générale du PQS

Le système que nous proposons représente en réalité un Middleware[7] entre les clients PostgreSQL et un ensemble de serveurs de bases de données PostgreSQL (Figure 26 : Architecture générale de PQS), interconnectés avec un réseau de communication.

Le système est donc composé de :

1. Clients : le client représente tout utilitaire servant de rôle de « PostgreSQL Client », et représente aussi, d'une façon indirecte, toute application l'utilisant. Il est capable de demander l'ouverture d'une ou de plusieurs sessions, de faire exécuter des requêtes, de recevoir les résultats retournés et de clore la (ou les) session(s).

2. PQS : notre système qui se compose de modules présentés dans la partie 4.3.

3. Serveurs de Bases de Données : l'ensemble des SGBD. Nous rappelons que chaque serveur, dans cette architecture, représente une station dotée de ses propres ressources : processeurs, disques et mémoires.

Mis à part la composition « Clients », le fonctionnement général de notre solution s'opère entre la composante « PQS » et l'ensemble des serveurs de bases de données.

En réalité, « PQS » se charge de traiter les requêtes « clients » afin de les faire exécuter, et de rassembler les résultats pour produire le résultat final, alors que l'ensemble des SGBD nous servira comme support de stockage, et de « calculateur » où seront exécutés, en parallèle, les différents traitements, sur l'ensemble des données fragmentées dans les différents sites. Cette fragmentation est le fruit de l'application d'un schéma de partitionnement sur la base de données existante.

Le système requiert une configuration initiale, qui pourrait être résumée dans un ou plusieurs fichiers textes, contenant les paramètres nécessaires à son fonctionnement, par exemple : le schéma de partitionnement adopté.

Enfin, la journalisation des activités est un grand atout pour le système. En effet, le traçage des activités (applicatives, événements, configuration...), des changements

---

[7] La notion de Middleware est, en général, utilisée pour représenter un software qui sert comme intermédiaire entre un client et une source de données [Khosrow-Pour07].

(données) etc. nous servira comme moyen d'audit et de contrôle, ainsi qu'un support pour le recouvrement, la validation atomique des transactions réparties etc.

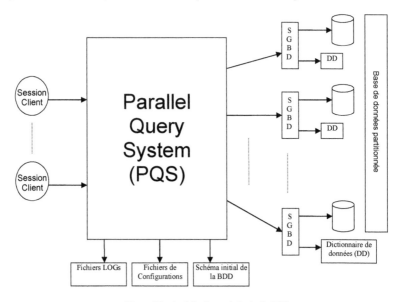

Figure 26 : Architecture générale de PQS

4.3. Architecture interne du PQS

Notre solution « Parallel Query System », illustrée dans la Figure 27 : Architecture interne de PQS, est composée de plusieurs modules. Nous allons donner dans cette partie les détails sur les composants de ce système.

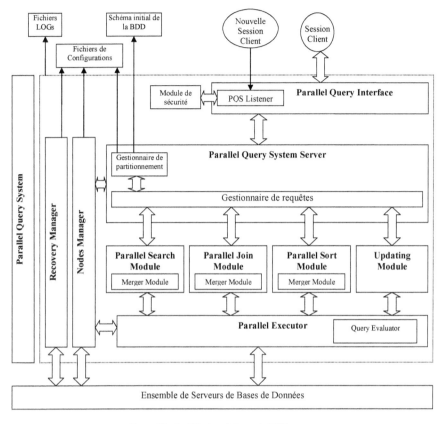

Figure 27 : Architecture interne de PQS

4.3.1. PQS Listener

Le Listener est un processus d'écoute, que l'on pourrait considérer comme un sous-module du module Parallel Query Interface (C.f. Section 4.3.2 suivante). Il est chargé d'attendre toute demande de connexion au système PQS. Un numéro de port lui est attribué.

L'idée de dissocier ce module du serveur a pour but de décharger le serveur de la charge des connexions clientes (acceptées ou refusées) telles que adoptée par certains SGBD.

4.3.2. Parallel Query Interface (PQI)

Ce module sert comme interface au client.

Il permet d'établir une connexion au serveur PQS et de gérer les connexions simultanées. Pour assurer la sécurité des connexions, il interagit avec le « Module de sécurité », qui permet de vérifier leur authenticité.

4.3.3. Gestionnaire de partitionnement

Ce module assure la fragmentation et la re-fragmentation des tables sur l'attribut de partitionnement choisi et selon le schéma de partitionnement adopté. Ce schéma définit la stratégie selon laquelle les données ont été partitionnées sur les différents serveurs de bases de données (c.f. section 1.3.1. Schémas de Partitionnement).

Le système doit offrir un meilleur équilibrage de la charge. Dans le cas d'insertions, de mises à jour, ou simplement une charge sur un ou plusieurs sites parmi l'ensemble des serveurs, on pourrait être ramenés à redistribuer la ou les tables selon un nouveau schéma de partitionnement.

Ce gestionnaire permet aussi de gérer le partitionnement au cas d'ajout d'un nouveau site serveur.

Par exemple, considérons un partitionnement par intervalles d'une table « Employés » sur l'attribut « Nom de l'employé ».

A...C → site 1
D...H → site 2
I...M → site 3
M...Z → site 4

Si l'on aperçoit qu'une charge importante est sur le site 1, et plus précisément sur les Noms commençant par la lettre « A », nous pourrions répartir les tuples dont les Noms commencent par « A » séparément de ceux qui commencent par « B...C ».

Avec l'ajout d'un nouveau site, le nouveau partitionnement devient donc :

A → site 1
B...C → site 1.1
D...H → site 2
I...M → site 3
M...Z → site 4

Un fichier de configuration est nécessaire pour assurer correctement une gestion du partitionnement. Il s'agit d'indiquer un ensemble d'informations, telles que :

- le type de fragmentation (en « full » ou en « partial[8] » clustering) ainsi que la liste des sites concernés par cette fragmentation,
- l'attribut et le schéma de partitionnement.

4.3.4. Parallel Query System Server (PQSS)

Le serveur « Parallel Query System Server » assure :

    a. la distribution des données suivant le « Schéma de partitionnement », par le biais du « Gestionnaire de partitionnement » (décrit ci-avant),

    b. la transmission de la requête au module relatif, par le biais du « Gestionnaire des requêtes »,

    c. le renvoi de la réponse au client à travers la PQI.

Le gestionnaire des requêtes assure donc l'analyse de la requête. Nous avons prévu, initialement, les cas de sélection simple, jointure et tri pour les requêtes à lecture, ainsi que le cas de mise à jour (insertion, modification et suppression), connus sous le nom de langage de manipulation de données (LMD). Ce gestionnaire pourrait assurer une partie de la vérification sémantique et syntaxique de la requête. Là, l'existence d'un dictionnaire de données est utile, voire nécessaire.

Après analyse de la requête, le gestionnaire assure sa transmission au module relatif afin d'établir le plan d'exécution parallèle, en choisissant l'algorithme optimisé et approprié.

Après exécution de la requête parallèle, le résultat est retourné au client par le biais de la « Parallel Query Interface ».

4.3.5. Parallel Search Module

Ce module traite l'exécution parallèle des requêtes de sélection simple, c'est-à-dire celles qui ne portent pas de jointure ni de tri.

En raison du fait que PostgreSQL adopte le hachage linéaire, les données au niveau du SGBD lui-même sont supposées non triées.

L'algorithme de recherche parallèle se joue donc sur le type de partitionnement choisis.

Dans le cas de partitionnement par intervalle, les accès aux données sont, au niveau externe, triés. Notre modèle prend alors en considération la recherche dichotomique.

---

[8] Le « clustering » partiel permet, dans le cas de tables à faible volume, de ne pas la partitionner sur tous les sites. L'un des avantages d'une telle idée se résume dans le fait de ne pas solliciter tous les sites. Ainsi, cette méthode pourrait réduire le nombre de messages échangés entre notre système et l'ensemble des sites.

A ce niveau, nous pouvons conclure que le gain obtenu par ce parallélisme est donc fonction de la fragmentation.

La recherche en parallèle nécessite une exécution en parallèle de la requête, puis une fusion des résultats (C.f. 2.1.2. Recherche parallèle). L'algorithme suivant détermine les étapes à entreprendre :

Début

// Phase Exécution de la requête en parallèle

Recenser les nodes ;

Lire (requête) ;

Si aucune panne :

   Pour chaque node : Exécuter (requête de recherche) ;

Sinon

   Renvoi d'erreur ;

FinSi

// Phase de Fusion des résultats produits

Pour chaque site, lire (résultat) ;

Résultat ← Fusion (résultat) ;

Fin

4.3.6. Parallel Join Module

Ce module permet de faire exécuter en parallèle des requêtes de jointure.

Le parallélisme de l'opérateur de jointure sur un ensemble de serveurs pourrait se réaliser en faisant exécuter la jointure sur chacun de ces serveurs pour enfin passer à l'étape de récolte des résultats renvoyés par chaque serveur.

L'algorithme suivant montre un scénario possible du cas de jointure par boucles imbriquées de deux relations R et S :

Début

// Phase Exécution de la requête en parallèle

Recenser les nodes ;

Lire (requête) ;

Lire (R, S) ;

Si aucune panne :

   Fragmenter (R) sur les sites ;

   Envoyer (S) dans chacun des sites ;

Pour chaque site : Exécuter (requête de jointure) ;

Sinon

Renvoi d'erreur ;

FinSi

// Phase d'union des résultats produits

Pour chaque site, lire (résultat) ;

Résultat ← Union (résultat) ;

Fin

Cet algorithme pourrait être optimisé en fonction de la taille des relations de jointure, en choisissant laquelle d'entre-elles qui sera dupliquée sur tous les sites, et celle qui sera fragmentée.

4.3.7. Parallel Sort Module

Ce module traite le parallélisme des requêtes de tri. Comme il a été discuté dans le paragraphe précédent, une exécution de la requête se réalise sur les différents sites, où chacun d'eux se charge de trier les résultats avant leur renvoi. Par la suite, il faudrait, au niveau du serveur PQS, et à travers le sous-module « Merger », établir une union ou une fusion des résultats renvoyés par chaque serveur, selon le type de fragmentation adopté.

Une telle union ou fusion pourrait ne pas nécessiter un deuxième tri, comme dans le cas de partitionnement à intervalles, contrairement au partitionnement « circulaire » ou celui « par hachage ».

L'algorithme suivant montre une exécution parallèle d'une requête avec tri relative au partitionnement circulaire ou par hachage :

Début

// Phase Exécution de la requête en parallèle

Recenser les nodes ;

Lire (requête) ;

Si aucune panne :

Pour chaque node : Exécuter (requête avec tri)

Sinon

Renvoi d'erreur ;

FinSi

// Phase de Fusion des résultats produits

Pour chaque site, lire (résultat) ;

Résultat ← Fusion (résultat) ;

FinPour ;

// Phase de Tri du résultat de la fusion

Résultat ← Trier (Résultat) ;

Fin

Dans le cas de fragmentation par intervalle, il faudrait réaliser une union des résultats produits par chaque site, sans autant réaliser un tri final :

Début

// Phase Exécution de la requête en parallèle

Recenser les nodes ;

Lire (requête) ;

Si aucune panne :

        Pour chaque node : Exécuter (requête avec tri)

Sinon

        Renvoi d'erreur ;

FinSi

// Phase de Union des résultats produits

Pour chaque site, lire (résultat) ;

        Résultat ← Union (résultat) ;

FinPour ;

Fin

4.3.8. Updating & Deleting Module

Ce module traite les requêtes de modification et de suppression. Dans le cas de réplication des serveurs de bases de données, ce module nécessite le mécanisme de validation atomique des transactions.

L'algorithme suivant montre comment se déroule une validation simple d'une transaction répartie :

Début

// Phase Exécution de la requête de mise à jour en parallèle

Recenser les nodes ;

Lire (requête) ;

STOP=faux ;

Si aucune panne :

Pour chaque node(i) : Exécuter (requête) ;

Sinon

Renvoi d'erreur ;

STOP=vrai ;

FinSi

Si (STOP) alors :

Pour chaque node(i) ROLLBACK ;

Sinon

Pour chaque node(i) COMMIT ;

FinSI

Fin

Si l'on considère l'exemple de l'augmentation du salaire des employés d'une entreprise par 10%, la requête serait :

UPDATE employees SET salary=salary*1.1;

Et son exécution devrait être validée sur tous les serveurs en commun, ou bien annulée au cas où un ou plusieurs serveurs ne réponds positivement pas à la requête.

4.3.9. Merger Module

Dans chacun des trois derniers modules est implémenté un module de d'union ou de fusion des résultats. Ce module, comme dans le cas de la jointure, se charge de rassembler le résultat final, d'éliminer les doublons… et comme dans le cas de tri, il se charge d'établir aussi le tri final.

On pourrait bénéficier d'un deuxième parallélisme (en supplément de l'exécution parallèle) en « pipelinant » les résultats produits afin d'en produire le résultat final, c'est-à-dire en produisant le résultat final au fur et à mesure que les sous-résultats sont réceptionnés depuis les sites serveurs. Ce bénéfice se montre bien dans le cas d'une importante quantité de données sont produites en résultat.

Le fait d'intégrer ce module à notre système nous offre l'avantage de décharger l'ensemble des SGBD de cette tâche.

4.3.10. Parallel executor

Comme son nom l'indique, ce module permet d'ouvrir des connexion aux serveurs de bases de données, de lancer l'exécution des requêtes confiée à l'ensemble des sites (serveurs), de récupérer les résultats et de les soumettre au « Merger module » afin de produire le résultat final.

L'un des plus importantes fonctionnalités de ce module est de choisir un plan d'exécution des requêtes après évaluation des plans possibles et admis. Par exemple, une jointure de la forme :

SELECT   *
FROM   R, S, T, U
WHERE   R.a=S.a
AND   S.b=T.b
AND   T.c=U.c

Pourrait être exécutée sous différents plans comme le démontre la Figure 28 : Exécution d'une jointure sur quatre tables [Deshpande07].

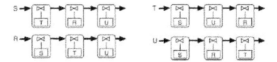

Figure 28 : Exécution d'une jointure sur quatre tables

Ensuite, ce plan pourrait être optimisé encore une fois afin de le faire exécuter sur les sites concernés uniquement, ou encore de façon à ce que chaque site ne reçoive que les opérations élémentaires le concernant.

Il offre aussi à travers le sous-module « Query Evaluator » une évaluation des requêtes, permettant, par exemple, la réutilisation d'un plan déjà optimisé.

4.3.11. Nodes Manager

Le « Gestionnaire des sites » s'occupe de la gestion du réseau et des serveurs. Parmi ses fonctionnalités :

        a. la configuration du « réseau de stations »,

        b. le recensement des sites opérationnels,

        c. la notification au « Parallel executor » le cas de panne ou de reprise d'un des serveurs,

        d. la gestion de la réplication.

Ce dernier point nécessite beaucoup de traitements supplémentaires, notamment la prise en compte de la validation atomique des transactions afin de garantir la cohérence des images entre les serveurs. Nous avons intégré conceptuellement cette fonctionnalité, que nous pouvons, lors de son implémentation, en tirer profit de certaines études réalisées dans ce sens comme par exemple : [Larabi09].

4.3.12. Recovery Manager

En cas de panne de système, le « Gestionnaire des recouvrement » se charge de restaurer l'état de la base au dernier instant précédant la panne, si possible.

4.5. Particularités du PQS

4.5.1. Haute disponibilité

A travers le module « Nodes Manager », la gestion de sites permet de mettre en œuvre une politique offrant une haute disponibilité et une tolérance aux pannes.

Ce module minimise les pannes du système, puisque le fait qu'un site dans un système fragmenté tombe en panne est mieux que l'arrêt du système au complet.

En adoptant la réplication des sites (C.f. Section 4.1.2. Réplication), le système conçu offre une haute disponibilité. Il est clair que le principe de « Diviser pour régner » combiné avec le traitement parallèle offre des opportunités sans égal.

4.5.2. Tolérance aux pannes

Une panne sur un SGBD peut tomber sur un support volatile, telles que la mémoire centrale et la mémoire cache, que lors d'un crash, son contenu est perdu. Elle pourrait tomber aussi sur un support non volatile telle que les disques durs ou les bandes magnétiques. Ce type de support, malgré qu'il soit résistant aux pannes, pourrait causer, lors de la réinitialisation du système, des incohérences aux niveaux des données. Des supports plus stables existent, résistants à tout type de panne, utilisant le maintient d'une certaine redondance de supports non volatiles [Hidouci09].

Il existe des mécanismes permettant la reprise de la base à un état plus ou moins proche de l'état final où s'est arrêté le système. Parmi ces mécanismes : la journalisation et la technique des points de contrôle (CHECKPOINTS).

4.5.3. Equilibrage de la charge

L'équilibrage de la charge est fonction de la fragmentation. Choisir donc un schéma de partitionnement optimal est primordial.

Dans les cas où la bonne répartition de la charge n'est pas, ou a été mal prise en compte, la durée de l'une exécution parallèle est égale a l'exécution locale (dans les sites) la plus chargée (ou la plus longue).

Une des méthodes les plus connues est celle basée sur l'historique des exécutions. Il s'agit donc de trouver une fragmentation idéale afin de donner une meilleure répartition de la charge.

Dans l'exemple de la Figure 29 : Exemple de répartition de charge suivante, le fait de fractionner le site 3 (à gauche) en deux sites 3.1 et 3.2 (à droite) permet de réduire le temps d'exécution global.

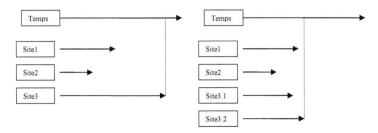

Figure 29 : Exemple de répartition de charge

4.5.4. Gestion de la concurrence

Le système pourrait être doté d'une gestion de la concurrence qui permet de contrôler l'accès des utilisateurs. Au niveau des SGBD, cette gestion est confiée aux sites eux-mêmes.

L'exécution se déroule en général par la méthode FIFO (First-In First-Out = Premier Entré, Premier Servi). Néanmoins, on pourrait différer l'exécution d'une requête, pourtant prioritaire dans la file, pour des raisons de performances. Notons ici qu'il est supposé que les requêtes, au niveau des sites eux-mêmes, sont exécutées en série.

Dans l'exemple du tableau suivant, il est montré qu'il est préférable de faire exécuter la requête de l'utilisateur User2, que son temps d'exécution est de 5 secondes, et de libérer la charge sur le système, que de monopoliser le système pendant un temps T(Req1)=1 minute (temps d'exécution de la requête Req1 de l'utilisateur User1), puis de faire exécuter sa requête, que de le faire attendre tout le temps T(Req1) pour lui donner le tour d'exécution.

Ordre	Utilisateur	Requête	Temps d'exécution	Heure de fin d'exécution
1	User1	Req1	1 minute	T(Req1)=1 minute
2	**User2**	**Req2**	**5 secondes**	T(Req1)+ T(Req2)=1 minute et 5 secondes

Ordre	Utilisateur	Requête	Temps d'exécution	Heure de fin d'exécution
1	**User2**	**Req2**	**5 secondes**	T(Req2)=5 secondes
2	User1	Req1	1 minute	T(Req1)+ T(Req2)=1 minute et 5 secondes

Table 2 : Exemple d'exécution de requêtes concurrentes

Pour cela, nous bénéficierons du module « Query Evaluator » l'avantage de connaître s'il est préférable de différer l'exécution d'une requête, suivant l'évaluation du temps son l'exécution, ou suivant d'autres contraintes techniques ou matérielles.

4.5.5. Sécurité

La stratégie de sécurité adoptée englobe certains aspects :

1. l'authentification des clients => PQS et PQS => Sites.
2. le chiffrement des données transmises dans le réseau, mais sous réserve de ne pas alourdir le système, puisque la vitesse du cryptage est proportionnelle au volume de ces données.

4.5.6. Extensibilité

Le système PQS offre l'opportunité d'être extensible. Nous avons présenté un exemple dans la section 4.3.4. (Gestionnaire de partitionnement).

Afin de bénéficier d'une scalabilité optimale de notre système, nous prévoyons de tirer profit du sos-module « Query Evaluator » du module « Parallel Executor ». Une bonne évaluation des requêtes offre forcément la possibilité d'étendre les sites par l'ajout d'un nouveau « node », tout en révisant le schéma de partitionnement afin d'obtenir les mêmes performances, voire meilleures, et donc de garantir la scalabilité de notre système.

4.5.7. Hétérogénéité des sites

Parmi les avantages de cette architecture, les sites peuvent être hétérogènes. Autrement dit, les types de machines peuvent varier (architectures 32 ou 64 bits, mono-machines ou machines parallèles, clusters…), de même pour leurs systèmes d'exploitations (Windows, Unix, Solaris…), du moment qu'on utilise un ensemble de serveurs de bases de données homogènes.

Ce point pourrait remédier aux problèmes confrontés par les systèmes informatiques inter-organisationnels, notamment dans son contexte décisionnel.

4.6. Détails sur la mise en œuvre

Certains facteurs nous ont cerné l'étape de la programmation. Nous citons entre autres :

- la non disponibilité de machines ayant des caractéristiques suffisantes pour réaliser les tests,
- l'utilisation de la virtualité sur une seule machine qui ne permet pas vraiment d'évaluer l'exécution parallèle et de la comparer à une exécution en mono-machine, puisqu'en réalité, les machines virtuelles utilisent les ressources de la même machine en série et non en parallèle.

Afin d'aller à la totalité de son expérimentation, et de donner une validation de notre travail, nous avons envisagé de réaliser les sous-systèmes par le biais de l'encadrement de Projets de Fin d'Etudes à l'ESI, en intégrant chaque sous-système à la solution globale préconisée. Dans ce cadre, et à l'heure où nous écrivons ces lignes, nous encadrons un Projet de Fin d'Etudes à l'ESI, ayant comme intitulé « Gestion des schémas et traitement des requêtes dans une BDD répartie PostgreSQL », qui représente la partie « cœur » de notre système.

Nous détaillons dans ce qui suit l'environnement de mise en œuvre de notre système, en discutant les choix retenus.

4.6.1. Serveur de Bases de données

Le SGBD choisi est PostgreSQL, dernière version stable (actuellement 8.3). Ce SGBD, présenté dans le chapitre 3, offre des fonctionnalités avancées qui nous permettent d'implémenter notre solution. Parmi ses fonctionnalités : DBLink, qui permet d'exécuter une requête sur une base de données distante (voir section 4.6.3. L'exécution distante). PostgreSQL offre aussi une interface de programmation pour le langage C appelée libpq, qui représente la base pour d'autres interfaces de programmation, telles que libpq++ (C++), libpgtcl (TCL), Perl, ECPG, et beaucoup d'autres.

4.6.2. Système d'exploitation

Nous avons choisi d'implémenter notre système sur Linux, et plus précisément la distribution Fedora Core 11. Cet OS est utilisé dans les serveurs hébergeant le SGBD Postgresql, ainsi que celui hébergeant notre système Parallel Query System.

Les différentes distributions Linux, en général, sont connues par leur stabilité, performance, robustesse. Ils offrent une multitude de choix au programmeur.

4.6.3. L'exécution à distance

Nous avons retenu deux méthodes pour l'exécution à distance des requêtes : l'utilisation de DBLink, et la programmation avec PVM.

Dblink, qui est présenté en Annexe-II, est un module de PostgreSQL qui permet d'interroger des serveurs distants. Il est fourni dans les sources de PostgreSQL.

Parallel Virtual Machine (PVM[9]) est un logiciel, composé d'un démon (daemon) et d'un ensemble de bibliothèques, développé au Oak Ridge National Laboratory aux USA. Disponible en freeware, il permet de développer ou de simuler des applications parallèles sur des machines homogènes ou hétérogènes, connectées à travers un réseau à travers lequel sont échangés les messages.

PVM offre une bibliothèque qui permet la création et la destruction des tâches, ainsi que la transmission et le codage des données. Cette bibliothèque fonctionne merveilleusement avec C/C++.

4.6.4. Langage de programmation

Nous avons choisi de programmer notre système avec le langage C++.

L'origine de C++ revient au langage C qui était un langage procédural. La notion de « classes » a été introduite en octobre 1970, et à partir décembre 1983, cette nouvelle version est connue sous le nom de C++. Depuis, beaucoup de compilateurs et de librairies ont été bâtis sur C et C++.

Aujourd'hui, C et C++ sont très répandus [Geschwinde01]. Beaucoup de logiciels ont été développés avec les langages C et C++, particulièrement pour Unix. Le code source de PostgreSQL lui aussi est écrit en C. Ainsi il semble évident que PostgreSQL fournit une interface puissante pour C/C++, utilisée comme base pour le développement d'autres futures interfaces de programmation.

---

[9] Disponible sur http://www.netlib.org/pvm3/.

4.7. Conclusion

Nous avons présenté dans ce chapitre notre proposition d'architecture baptisée : « Parallel Query System ».

Nous avons présenté les différentes fonctionnalités de ce système, cité leurs avantages et dénombré leurs inconvénients. Certes, on ne peut totalement échapper à ces inconvénients, en raison des limites de ce type de systèmes, mais nous avons essayé de réduire leurs effets au maximum, par la proposition de méthodes qui peuvent être étudiées et intégrées au système.

Conclusion générale et perspectives

Nous avons présenté dans cette thèse une architecture modulable baptisée « Parallel Query System », ayant pour objectif la prise en charge de l'exécution des requêtes parallèles sur un ensemble de Serveurs de Bases de données. Cette approche, très proche des architectures « Shared-Nothing », bénéficie du traitement parallèle des requêtes et de la fragmentation des données, offrant ainsi de meilleures performances en matière d'exécution des traitements, une haute disponibilité des données, une meilleure tolérance aux pannes, grâce, notamment, aux techniques de réplication et de recouvrement.

Elle a pris en compte aussi les requêtes de type « recherche », de mise à jour et de suppression par l'adoption de la technique de validation atomique des transactions réparties, englobées dans les propriétés ACID.

Cette architecture a pris en compte aussi l'aspect d'extensibilité, afin de porter une certaine flexibilité et souplesse à notre système.

L'implémentation, dans un premier temps, a été concentrée sur la fonctionnalité « Parallel Executor », le module qui permet de faire exécuter les requêtes en parallèle sur l'ensemble des sites concernés.

Notre contribution nous porte à conclure l'important apport des architectures « Sans Partage » dans le domaine des bases de données, non seulement en matière de performances et de disponibilité, mais aussi en matière de gain de coût.

Comme perspectives à notre travail, nous proposons :

1. d'arriver à la totalité de l'implémentation du système,
2. de tester et évaluer le prototype développé,
3. de développer d'autres couches permettant de tester la même solution avec d'autres SGBD,
4. d'étendre la conception afin de permettre d'offrir ces fonctionnalités avec des ensembles de serveurs de bases de données hétérogènes,
5. traiter des cas qui n'ont pas été pris en compte, telles que la fragmentation verticale et mixte.

Annexes

Annexes

Annexe I : Installation, Configuration et Utilisation de PGPOOL-II

Nous présentons, dans cette partie l'installation, la configuration ainsi que quelques informations supplémentaires concernant Pgpool-II. Toute cette partie est extraite de la documentation de Pgpool-II, disponible sur les pages du projet sur le net.

pgpool-II Installation

pgpool-II can be downloaded from pgpool Development page
(http://pgfoundry.org/projects/pgpool/).

Installing pgpool-II requires gcc 2.9 or higher, and GNU make. Also, pgpool-II links libpq library, so it must be installed on a machine used to build pgpool-II.

configure

After extracting the source tar ball, execute the configure script.

```
./configure
```
There are options that you can set if you want values other than the default.

* `--prefix=path`
  pgpool-II binaries and docs will be installed to this directory. Default value is
  `/usr/local`
* `--with-pgsql=path`
  Top directory where PostgreSQL's client libraries are installed. Default value is
  obtained by `pg_config`

make

```
make
make install
```
will install pgpool-II. (If you use FreeBSD, replace make with gmake)

Configuring pgpool-II

Configuration files for pgpool-II are `/usr/local/etc/pgpool.conf` and
`/usr/local/etc/pcp.conf` by default. There are several operation modes in
pgpool-II. Each mode has associated functions which can be enabled or disabled, and
specific configuration parameters to control their behaviors.

Configuring `pcp.conf`

pgpool-II provides the control interface where an administrator can collect pgpool-II
status, and terminate pgpool-II processes via network. The `pcp.conf` is the
user/password file for authentication with the interface. All modes require the
`pcp.conf` file to be set. After installing pgpool-II,
`$prefix/etc/pcp.conf.sample` is created. Change the name of the file to
`pcp.conf` and add your username and the password.

```
cp $prefix/etc/pcp.conf.sample $prefix/etc/pcp.conf
```

An empty line or a line starting with "#" is treated as a comment and will be ignored. The username and the password must be written on one line using the following format:

```
username:[password encrypted in md5]
```

[password encrypted in md5] can be produced with the $prefix/bin/pg_md5 command.

```
pg_md5 -p
password: <your password>
```
or
```
./pg_md5 foo
acbd18db4cc2f85cedef654fccc4a4d8
```

The pcp.conf file must be readable by the user who executes pgpool-II.

Configuring pgpool.conf

As described already, each operation mode has specific configuration parameters in pgpool.conf. After instaling pgpool-II, $prefix/etc/pgpool.conf.sample is created. Change the name of the file to pgpool.conf and edit the contents.

```
cp $prefix/etc/pgpool.conf.sample $prefix/etc/pgpool.conf
```

An empty line or a line starting with "#" is treated as a comment and will be ignored.

raw Mode

In the raw mode, clients simply connect to the PostgreSQL servers via pgpool-II. This mode is useful for simply limiting excess connections to the servers, or enabling failover with multiple servers.

listen_addresses

Specifies the address in hostname or IP address, which will be accepted by pgpool-II via TCP/IP network. '*' accepts all incoming connections. ' ' disables TCP/IP connections. Default is 'localhost'. Connections via UNIX domain socket are always accepted. This parameter can only be set at server start.

port

The port number where pgpool-II accepts connections. Default is 9999. This parameter can only be set at server start.

socket_dir

The directory path of the UNIX domain socket accepting connections for pgpool-II. Default is '/tmp'. Be aware that the socket might be deleted by cron. We recommend to set this value to '/var/run' or such directory. This parameter can only be set at server start.

pcp_port

The port number where PCP process accepts connections. Default is 9898. This parameter can only be set at server start.

pcp_socket_dir

The directory path of the UNIX domain socket accepting connections for PCP process. Default is `'/tmp'`. Be aware that the socket might be deleted by cron. We recommend to set this value to `'/var/run'` or such directory. This parameter can only be set at server start.

backend_socket_dir

The directory path of the PostgreSQL server's UNIX domain socket, which is used by pgpool-II to communicate with the server. Default is `'/tmp'`. This parameter can only be set at server start.

pcp_timeout

PCP connection timeout value in seconds. If a client does not respond within the set seconds, PCP closes the connection with the client. Default is 10 seconds. 0 means no timeout. This parameter can be changed on service.

num_init_children

The number of preforked pgpool-II server processes. Default is 32. Please note that cancelling a query creates another connection to the backend; thus, a query cannot be cancelled if the connections are full. If you want to ensure that queries can be cancelled, set this value to twice the expected connections. This parameter can only be set at server start.

child_life_time

A pgpool-II child process' life time in seconds. When a child is idle for so many seconds, it is terminated and the new child is created. This parameter is a measure to prevent memory leaks and other unexpected errors. Default value is 300 (5 minutes). 0 disables this function. Note that processes that have not accepted any connections are not applicable for this. You need to reload pgpool.conf if you change the value.

child_max_connections

A pgpool-II child process will be terminated after so many connections from clients. This parameter is useful on the server if it is too busy that child_life_time and connection_life_time are not effective. You need to reload pgpool.conf if you change the value.

client_idle_limit

Disconnect the connection to a client being idle for client_idle_limit seconds since the last query has been sent. This is usefull for preventing for pgpool childs from being ocuppied by a lazy client or TCP/IP connection between client and pgpool is accidentally down. The default value for client_idle_limit is 0, which means the functionality is turned off. You need to reload pgpool.conf This parameter is ignored in the second stage of on line recovery. if you change client_idle_limit.

authentication_timeout

Specify the timeout for pgpool authentication. 0 disables the time out, which is the default. You need to restart pgpool-II if you change authentication_timeout.

logdir

The directory path of the logs. pgpool-II 2.2 or later does not use this directive. In the future pgpool-II might implement its own logging system and we leave this directive as it is.

pid_file_name

Full path to a file which contains pgpool's process id. Default is "/var/run/pgpool/pgpool.pid". You need to restart pgpool-II if you change the value.

print_timestamp

Add timestamps to the logs when set to true. Default is true. This parameter can be changed on service. You need to reload pgpool.conf if you change print_timestamp.

connection_cache

Caches connections when set to true. Default is true.

health_check_timeout

pgpool-II periodically tries to connect to the backends to detect any errors on the servers or networks. This error check procedure is called "health check". If an error is detected, pgpool-II tries to perform failover or degeneration. This parameter is to prevent the health check to wait for a long time in a case like network cable has been disconnected. The timeout value is in seconds. Default value is 20. 0 disables timeout (waits until TCP/IP timeout). The health check requires one (1) extra connection to each backend, so `max_connections` in the `postgresql.conf` needs to be incremented as needed. You need to reload pgpool.conf if you change the value.

health_check_period

This parameter specifies the interval between the health checks in seconds. Default is 0, which means health check is disabled. You need to reload pgpool.conf if you change health_check_period.

health_check_user

The user name to perform health check. This user must exist in all the PostgreSQL backends. You need to reload pgpool.conf if you change health_check_user.

failover_command

This parameter specifies a command when a node is detached. pgpool-II replaces special characters to backend information. You need to reload pgpool.conf if you change failover_command.

When a failover is performed, pgpool kills all its child processes, which will in turn terminate all active sessions to pgpool. Then pgpool invoke failover_command and wait for its completion. After this, pgpool starts new child processes and becomes ready to wait for connections from clients.

failback_command

This parameter specifies a command when a node is attached. pgpool-II replaces special characters to backend information. You need to reload pgpool.conf if you change failback_command.

ignore_leading_white_space

pgpool-II ignores white spaces at the beginning of SQL queries while in the load balance mode. It is useful for using APIs like DBI/DBD:Pg which adds white spaces against the user's will. You need to reload pgpool.conf if you change the value.

log_statement

Produces SQL log messages when true. This is similar to the log_statement parameter in PostgreSQL. It produces logs even if the debug option was not passed to pgpool-II at startup. You need to reload pgpool.conf if you change the value.

log_hostname

If true, ps command status will show the client's hostname instead of an IP address. Also, if log_connections is enabled, hostname will be logged. You need to reload pgpool.conf if you change the value.

log_connections

If true, all incoming connections will be printed to the log. You need to reload pgpool.conf if you change the value.

enable_pool_hba

If true, use pool_hba.conf for client authentication. See Setting up pool_hba.conf for client authentication. You need to restart pgpool-II if you change the value.

backend_hostname

Specifies the host name of the PostgreSQL backend. The empty string (' ') means pgpool-II uses UNIX domain socket. Multiple backends can be specified by adding a number at the end of the parameter name (e.g.backend_hostname0). This number is referred to as "DB node ID", and it starts from 0. The backend which was given the DB node ID of 0 will be called "Master DB". When multiple backends are defined, the service can be continued even if the Master DB is down (not true in some modes). In this case, the youngest DB node ID alive will be the new Master DB.

If you plan to use only one PostgreSQL server, specify it by backend_hostname0.

This parameter can be added by reloading a configuration file. However, this cannot be updated so you must restart pgpool-II.

backend_port

Specifies the port number of the backends. Multiple backends can be specified by adding a number at the end of the parameter name (e.g. backend_port0). If you plan to use only one PostgreSQL server, specify it by backend_port0.

This parameter can be added by reloading a configuration file. However, this cannot be updated so you must restart pgpool-II.

backend_weight

Specifies the load balance ratio for the backends. Multiple backends can be specified by adding a number at the end of the parameter name (e.g. backend_weight0). If you plan to use only one PostgreSQL server, specify it by backend_weight0. In the raw mode, set to 1.

This parameter can be added by reloading a configuration file. However, this cannot be updated so you must restart pgpool-II.

backend_data_directory

Specifies the database cluster directory of the backends. Multiple backends can be specified by adding a number at the end of the parameter name (e.g. backend_data_directory0). If you plan not to use online recovery, you do not need to specify this parameter.

This parameter can be added by reloading a configuration file. However, this cannot be updated so you must restart pgpool-II.

Failover in the raw Mode

Failover can be performed in the raw mode if multiple servers are defined. pgpool-II usually accesses the backend specified by backend_hostname0 during the normal operation. If the backend_hostname0 fails for some reason, pgpool-II tries to access the backend specified by backend_hostname1. If that fails, pgpool-II tries the backend_hostname2, 3 and so on.

Connection Pool Mode

In the connection pool mode, all functions in raw mode and the connection pool function can be used. To enable this mode, set configuration parameters in the raw mode and below.

max_pool

The maximum number of cached connections in pgpool-II children processes. pgpool-II reuses the cached connection if an incoming connection is connecting to the same database by the same username. If not, pgpool-II creates a new connection to the backend. If the number of cached connections exceeds max_pool, the oldest connection will be discarded, and uses that slot for the new connection. Default value is 4. Please be aware that the number of connections from pgpool-II processes to the backend will be num_init_children * max_pool. This parameter can only be set at server start.

connection_life_time

Cached connections expiration time in seconds. The expired cached connection will be disconnected. Default is 0, which means the cached connections will not be disconnected.

reset_query_list

Specifies the SQL commands sent to the backend when exitting a session to reset the connection. Multiple commands can be specified by delimitting each by ";". Default is the following, but can be changed to suit your system.

```
reset_query_list = 'ABORT; RESET ALL; SET SESSION AUTHORIZATION DEFAULT'
```

You need to re-read pgpool.conf upon modification of this direrctive.

Failover in the Connection Pool Mode

Failover in the connection pool mode is the same as in the raw mode.

Replication Mode

This mode enables data replication between the backends. The configuration parameters below must be set in addtion to everything above.

replication_mode

Setting true enables replication mode. Default is false.

load_balance_mode

When set to true, SELECT queries will be distributed to each backend for load balance. Default is false.

replication_stop_on_mismatch

When set to true, pgpool-II degenerates the backends and keeps the service only with the Master DB if data mismatch occurs. If false, pgpool-II just terminates the query. Default is false.

replicate_select

When set to true, pgpool-II replicate SELECTs. If false, pgpool-II only sends them to Master DB. Default is false.

replicate_select, load_balance_mode, if the SELECT query is inside an explicit transaction block will affect to how replication works. Details are shown below.

insert_lock

Replicating a table with SERIAL data type, the SERIAL column value may differ between the backends. This problem is avoidable by locking the table explicitly (although, transactions' parallelism will be lost). To achieve this, however, the following change must be made:

```
INSERT INTO ...
```

to

```
BEGIN;
LOCK TABLE ...
INSERT INTO ...
COMMIT;
```

Setting insert_lock to true, pgpool-II automatically adds the above queries each time INSERT is executed (if already in transaction, simply adds LOCK TABLE ....). As of pgpool-II 2.2, it automatically detects if the table has a SERIAL columns or not, so only tables having SERIAL columns are locked. Also you might want to make a fine control:

1. set `insert_lock` to true, and add `/*NO INSERT LOCK*/` at the beginning of an INSERT statement which you do not want to acquire the table lock.
2. set `insert_lock` to false, and add `/*INSERT LOCK*/` at the beginning of an INSERT statement which you want to acquire the table lock.

Default value is false. If `insert_lock` is enabled, the regression test for PostgreSQL 8.0 will fail in transactions, privileges, rules and alter_table. The reasons for this is that pgpool-II tries to LOCK the VIEW for the rule test, and others will produce the following error message.

```
! ERROR: current transaction is aborted, commands ignored until
end of transaction block
```

For example, the transactions test tries to INSERT into a table which does not exist, and pgpool-II causes PostgreSQL to acquire the lock before that. The transaction will be aborted, and the following INSERT statement produces the above error message.

recovery_user

This parameter specifies a PostgreSQL username for online recovery. It can be changed on service.

recovery_password

This parameter specifies a PostgreSQL password for online recovery. It can be changed on service.

recovery_1st_stage_command

This parameter specifies a command at the first stage of online recovery. The command file must be put on database cluster directory because of a security issue. For example, if recovery_1st_stage_command = 'sync-command', then pgpool-II executes $PGDATA/sync-command. Note that pgpool-II **accepts** connections and queries while recovery_1st_stage command is executed. You can retrieve and update data.

It can be changed on service.

recovery_2nd_stage_command

This parameter specifies a command at the second stage of online recovery. The command file must be put on database cluster directory because of a security issue. For example, if recovery_2nd_stage_command = 'sync-command', then pgpool-II executes $PGDATA/sync-command. Note that pgpool-II **do not accept** connections and queries while recovery_2nd_stage_command is executed. Thus if a client exists for a long time, the command is not executed. pgpool-II waits until all clients close their connections. The command is executed when no client connects to pgpool-II.

It can be changed on service.

recovery_timeout

pgpool does not accept connections at second stage. If a client connect to pgpool during recovery processing, pgpool wait to be close.

This parameter specifies recovery timeout in sec. If timeout, pgpool cancels online recovery and accepts connections. 0 means no wait.

It can be changed on service.

client_idle_limit_in_recovery

Similar to client_idle_limit but only takes effect in recovery 2nd stage. Disconnect the connection to a client being idle for client_idle_limit_in_recovery seconds since the last query has been sent. This is usefull for preventing for pgpool recovery disturbed by a lazy client or TCP/IP connection between client and pgpool is accidentally down. The default value for client_idle_limit_in_recovery is 0, which means the functionality is turned off. You need to reload pgpool.conf if you change client_idle_limit_in_recovery.

Condition for load balance

For the query to be load balanced, all the requirements below must be met:

- PostgreSQL version 7.4 or later
- the query must not be in an explicitly declared transaction (i.e. not in a BEGIN ~ END block)
- it's not SELECT nextval or SELECT setval
- it's not SELECT INTO
- it's not SELECT FOR UPDATE nor FOR SHARE
- start with "SELECT" (ignore_leading_white_space = true will ignore leading white space) or one of COPY TO STDOUT, DECLARE..SELECT, FETCH, CLOSE

Note that you could supress load balancing by inserting arbitary comments just in front of the SELECT query:

```
/*REPLICATION*/ SELECT ...
```

Please refer to replicate_select as well. See also a flow chart.

Note: JDBC driver has autocommit option. If autocommit is false, JDBC driver send "BEGIN" and "COMMIT" internally. So pgpool cannot load balancing. You need to call setAutoCommit(true) to enable autocommit.

Failover in the Replication Mode

pgpool-II degenerates a dead backend and continues the service. The service can be continued if there is at least one backend alive.

Master/Slave Mode

This mode is for using pgpool-II with another master/slave replication software (like Slony-I), so it really does the actual data replication. DB nodes' information must be set as the replication mode. In addtion to that, set master_slave_mode and load_balance_mode to true. pgpool-II will send queries that need to be replicated to the Master DB, and others will be load balanced if possible.

In the master/slave mode, replication_mode must be set to false, and master_slave_mode to true.

Parallel Mode

This mode enables parallel execution of queries.The table is divided, and data can be given to each node. Moreover, the replication and the loadbalance function can be used at the same time. In parallel mode, replication_mode and loadbalance_mode are set to true in pgpool.conf, master_slave is set to false, and parallel_mode is set to true. When you change this parameter, please reactivate pgpool-II.

Configuring the System DB

To use the parallel mode, the System DB must be configured properly. The System DB maintains rules, in the format of the database table, to choose an appropriate backend to send partitioned data. The System DB does not need to be created on the same host as pgpool-II. The System DB's configuration is done in `pgpool.conf`.

system_db_hostname

The hostname where the System DB is created. Specifying the empty string ('') means the System DB is at the same host as pgpool-II, and will be connected via UNIX domain socket.

system_db_port

The port number for the System DB

system_dbname

The partitioning rules and other information will be defined in the database specified here. Default value is `'pgpool'`.

system_db_schema

The partitioning rules and other information will be defined in the schema specified here. Default value is `'pgpool_catalog'`.

system_db_user

The username to connect to the System DB.

system_db_password

The password for the System DB. If no password is set, set the empty string ('').

Initial Configuration of the System DB

First, create the database and schema specified in the `pgpool.conf` file. A sample script can be found in `$prefix/share/system_db.sql`. If you have specified a different database name or schema, change them accordingly.

```
psql -f $prefix/share/system_db.sql pgpool
```

Registering a Partitioning Rule

The rules for data partitioning must be registered to `pgpool_catalog.dist_def` table.

```
CREATE TABLE pgpool_catalog.dist_def(
dbname TEXT,                                             -- database name
schema_name TEXT,                                        -- schema name
table_name TEXT,                                         -- table name
col_name TEXT NOT NULL CHECK (col_name = ANY (col_list)), -- partitioning key column name
col_list TEXT[] NOT NULL,                                -- names of table attributes
type_list TEXT[] NOT NULL,                               -- types of table attributes
dist_def_func TEXT NOT NULL,                             -- name of the partitioning rule
function
PRIMARY KEY (dbname,schema_name,table_name)
);
```

Registering a Replication Rule

When the table that does the replication of one SQL sentence that specifies the table registered in the partitioning rule with JOIN etc. is specified, information on the table that does the replication is registered in the table named pgpool_catalog.replicate_def beforehand.

```
CREATE TABLE pgpool_catalog.replicate_def (
    dbname TEXT,                    --database name
    schema_name TEXT,       --schema name
    table_name TEXT,        --table name
    col_list TEXT[] NOT NULL,       -- names of table attributes
    type_list TEXT[] NOT NULL,      -- types of table attributes
    PRIMARY KEY (dbname,schema_name,table_name)
);
```

Setting up pool_hba.conf for client authentication (HBA)

Just like pg_hba.conf with PostgreSQL, pgpool supports a similar client authentication function using a configuration file called "pool_hba.conf".

When you install pgpool, pool_hba.conf.sample will be installed in "/usr/local/etc", which is the default directory for configuration files. Copy pool_hba.conf.sample as pool_hba.conf and edit it if necessary. By default, pool_hba authentication is enabled. See "6. Setting up pgpool.conf" for more detail.

The format of pool_hba.conf file follows very closely pg_hba.conf's format.

```
local    DATABASE  USER  METHOD  [OPTION]
host     DATABASE  USER  CIDR-ADDRESS  METHOD  [OPTION]
```

See "pool_hba.conf.sample" for details of each field.

Here are the limitations of pool_hba.

- "hostssl" connection type is not supported

    "hostssl" is invalid since pgpool currently does not support SSL connections.

- "samegroup" for DATABASE field is not supported

    Since pgpool does not know anything about users in the backend server, database name is simply checked against the entries in the DATABASE field of pool_hba.conf.

- group names following "+" for USER field is not supported

    This is the same reason as in the "samegroup" described above. A user name is simply checked against the entries in the USER field of pool_hba.conf.

- IPv6 for IP address/mask is not supported

    pgpool currently does not support IPv6.

- Only "trust", "reject" and "pam" for METHOD field are supported

    Again, this is the same reason as in the "samegroup" described above. pgpool does not hold user/password information.

Note that everything described in this section is about a client authentication between a client and pgpool; a client still have to go through an authentication process with

PostgreSQL. As far as pool_hba is concerned, it does not matter if a user name and/or database name given by a client (i.e. psql -U testuser testdb) really exist in the backend. pool_hba only cares if a match in the pool_hba.conf is found or not.

PAM authentication is supported using user information on the host where pgpool is executed. To enable PAM support in pgpool, specify "--with-pam" option to configure:

```
configure --with-pam
```

To enable PAM authentication, you need to create a service-configuration file for pgpool in the system's PAM configuration directory (which is usually at "/etc/pam.d"). A sample service-configuration file is installed as "share/pgpool.pam" under the install directory.

Setting method of Query cache

The Query cache can be used in all modes in pgpool-II. The setting of pgpool.conf is set as follows.

```
enable_query_cache = true
```

Moreover, please make the following tables in the System DB.

```
CREATE TABLE pgpool_catalog.query_cache (
    hash TEXT,
    query TEXT,
    value bytea,
    dbname TEXT,
    create_time TIMESTAMP WITH TIME ZONE,
    PRIMARY KEY(hash, dbname)
);
```

However, please rewrite it suitably when you use a different schema because the schema name is "pgpool_catalog" in this example.

Starting/Stopping pgpool-II

All the backends and the System DB (if necessary) must be started before starting pgpool-II.

```
pgpool [-c] [-f config_file] [-a hba_file] [-F pcp_config_file] [-n] [-d]
```

-c	deletes query cache
-f config_file	specifies pgpool.conf
-a hba_file	specifies pool_hba.conf
-F pcp_config_file	specifies pcp.conf
-n	no daemon mode (terminal is not detached)
-d	debug mode

There are two ways to stop pgpool-II. One is via PCP command (described later) or pgpool-II command. Below is an example of the pgpool-II command.

```
pgpool [-f config_file] [-F pcp_config_file] [-m {s[mart]|f[ast]|i[mmediate]}] stop
```

-m s[mart]	waits for clients to disconnect, and shutdown (default)
-m f[ast]	does not wait for clients; shutdown immediately
-m i[mmediate]	the same as '-m f'

Reloading pgpool-II configuration files

pgpool-II can reload configuration files without restarting it.

```
pgpool [-c][-f config_file][-a hba_file][-F pcp_config_file] reload
```

-f config_file --config-file config-file	specifies pgpool.conf
-a hba_file --hba-file hba_file	specifies pool_hba.conf
-F pcp_config_file --pcp-password-file	specifies pcp.conf

Please note that some configuration items are not changed with relaoding. Also configuration reflects its changes after new session starts.

Online Recovery

pgpool-II, with replication mode, can sync database and attach a node in service. We call that "online recovery".

A recovery target node must have detached before doing online recovery. If you wish to add PostgreSQL server dynamically, add backend_hostname etc. parameters and reload pgpool.conf. pgpool-II registers a new node as a detached node.

caution: Stop autovacuum on the master node (the first node which is up and running). Autovacuum may change the contents of the database and might cause inconsistency after online recovery if it's runnung.

If PostgreSQL have already started, you need to shutdown PostgreSQL process.

pgpool-II performs online recovery in separated two phase. It has a few seconds or minutes client wait connecting to pgpool-II while a recovery node synchronizes database. It follows these steps:

1. CHECKPOINT
2. First stage of online recovery
3. Waiting until all clients have disconnected
4. CHECKPOINT
5. Second stage of online recovery
6. Starting up postmaster (perform pgpool_remote_start)
7. Node attaching

We call the first step of data sync "first stage". We synchronize data in the first stage. In the first stage, you **can** update or retrieve all tables concurrently.

You can specify a script executed at the first stage. pgpool-II passes three arguments to the script.

1. Database cluster path of a master node.
2. Hostname of a recovery target node.
3. Database cluster path of a recovery target node.

We synchronize data. We call it "second stage". Before entering the second stage, pgpool-II waits until all clients have disconnected. It blocks any connection until finishing the second stage. After all connections are disconnected, merge updated data between the first stage and the second stage. We perform final data synchronization.

Note that there is a restriction about online recovery. If pgpool-II works on multiple hosts, online recovery does not work correctly, because pgpool-II stops clients on the 2nd stage of online recovery. If there are some pgpool hosts, pgpool-II excepted for receiving online recovery request cannot block connections.

Configuration for online recovery

Set the following parameters for online recovery in pgpool.conf.

- backend_data_directory
- recovery_user
- recovery_password
- recovery_1st_stage_command
- recovery_2nd_stage_command

Recovery script deployment

We must deploy data sync scripts and a remote start script into database cluster($PGDATA). Sample script files are available in pgpool-II-x.x.x/sample directory.

Online recovery by PITR

We explain how to do online recovery by Point In Time Recovery(PITR). Note that all PostgreSQL servers need to enable PITR.

We prepare a script to get base backup on a master node and copy to recovery target node on the first stage. The script is named "copy-base-backup" for example. Here is the sample script.

```
#! /bin/sh
DATA=$1
RECOVERY_TARGET=$2
RECOVERY_DATA=$3

psql -c "select pg_start_backup('pgpool-recovery')" postgres
echo "restore_command = 'scp $HOSTNAME:/data/archive_log/%f %p'" > /data/recovery.conf
tar -C /data -zcf pgsql.tar.gz pgsql
psql -c 'select pg_stop_backup()' postgres
scp pgsql.tar.gz $RECOVERY_TARGET:$RECOVERY_DATA
```

The script generates the following recovery.conf.

```
restore_command = 'scp master:/data/archive_log/%f %p'
```

Then, we prepare a script to switch XLOG on the second stage. We deploy these scripts into $PGDATA.

```
#! /bin/sh
psql -c 'select pg_switch_xlog()' postgres
```

Finally, we edit pgpool.conf.

```
recovery_1st_stage_command = 'copy-base-backup'
recovery_2nd_stage_command = 'pgpool_recovery_pitr'
```

We have finished preparing online recovery by PITR.

pgpool_remote_start

The script is to start up postmaster process from remote host. pgpool-II executes as the following way.

```
% pgpool_remote_start remote_host remote_datadir
remote_host:    Hostname of a recovery target.
remote_datadir: Database cluster path of a recovery target.
```

In the sample script, we start up postmaster process over ssh. So you need to connect over ssh without pass .

If you recover with PITR, you need to expand a base backup. Then, postmaster automatically starts up with PITR. Then it accepts connections.

```
#! /bin/sh
DEST=$1
DESTDIR=$2
PGCTL=/usr/local/pgsql/bin/pg_ctl

# Expand a base backup
ssh -T $DEST 'cd /data/; tar zxf pgsql.tar.gz' 2>/dev/null 1>/dev/null < /dev/null
# Startup PostgreSQL server
ssh -T $DEST $PGCTL -w -D $DESTDIR start 2>/dev/null 1>/dev/null < /dev/null &
```

How to perform online recovery

For doing online recovery, you use pcp_recovery_node command or operate on pgpoolAdmin.

Note that you need to pass a greater number to the first argument of pcp_recovery_node. It is a timeout parameter. If you use pgpoolAdmin, set "_PGPOOL2_PCP_TIMEOUT " parameter to a greater number in pgmgt.conf.php.

Annexe II : Présentation de DBLink

Nous présentons, dans cette partie l'utilisation de DBLink. Toute cette partie est extraite de la documentation de PostgreSQL, disponible sur les pages du projet sur le net (http://docs.postgresqlfr.org/).

Synopsis

```
    dblink(text connname, text sql [, bool fail_on_error])
returns setof record
    dblink(text connstr, text sql [, bool fail_on_error])
returns setof record
    dblink(text sql [, bool fail_on_error]) returns setof record
```

Description

dblink exécute une requête (habituellement un **SELECT**, mais toute instruction SQL qui renvoie des lignes est valable) sur une base de données distante.

Si deux arguments text sont présents, le premier est d'abord considéré comme nom de connexion persistante ; si cette connexion est trouvée, la commande est exécutée sur cette connexion. Dans le cas contraire, le premier argument est considéré être une chaîne de connexion comme dans le cas de dblink_connect, et la connexion indiquée n'est conservée que pour la durée d'exécution de cette commande.

Arguments

conname

> Le nom de la connexion à utiliser ; ce paramètre doit être omis pour utiliser une connexion sans nom.

connstr

> Une chaîne de connexion similaire à celle décrite précédemment pour dblink_connect.

sql

> L'instruction SQL à exécuter sur l'hôte distant, par exemple select * from foo.

fail_on_error

> Si true (valeur par défaut en cas d'omission), une erreur distante est reportée localement comme une erreur. Dans le cas contraire, un message d'erreur distant est traité localement comme un message de type NOTICE, et la fonction ne retourne aucune ligne.

Valeur de retour

La fonction renvoie les lignes produites par la requête. Comme `dblink` peut être utilisée avec toute requête, elle est déclarée comme renvoyant le type record, plutôt que de préciser un ensemble particulier de colonnes. Cela signifie que l'ensemble des colonnes attendues doit être précisé dans la requête appelante -- sinon PostgreSQL™ ne sait pas quoi attendre. Voici un exemple :

```
SELECT * FROM dblink('dbname=mydb', 'select proname, prosrc from
pg_proc') AS t1(proname name, prosrc text) WHERE proname LIKE
'bytea%';
```

La partie « alias » de la clause `FROM` doit spécifier les noms et types des colonnes retournés par la fonction. (La précision des noms des colonnes dans un alias est une syntaxe du standard SQL mais la précision des types des colonnes est une extension PostgreSQL™.) Cela permet au système de savoir comment étendre `*`, et à quoi correspond proname dans la clause `WHERE` avant de tenter l'exécution de la fonction. À l'exécution, une erreur est renvoyée si le nombre de colonnes du résultat effectif de la requête sur la base de données distante diffère de celui indiqué dans la clause `FROM`. Les noms de colonnes n'ont pas besoin de correspondre et `dblink` n'impose pas une correspondance exacte des types. L'opération réussit si les chaînes de données renvoyées sont valides pour le type déclaré dans la clause `FROM`.

Notes

`dblink` récupère l'intégralité des résultats de la requête avant de les renvoyer au système local. Si la requête doit renvoyer un grand nombre de lignes, il est préférable d'ouvrir un curseur avec `dblink_open` puis de récupérer un nombre gérable de lignes.

Il est souvent plus pratique de créer une vue pour utiliser `dblink` avec des requêtes prédéterminées. Cela permet de laisser la vue gérer le type de la colonne plutôt que d'avoir à le saisir pour chaque requête. Par exemple :

```
CREATE VIEW myremote_pg_proc AS
  SELECT * FROM dblink('dbname=postgres', 'SELECT proname,
prosrc FROM pg_proc') AS t1(proname name, prosrc text);

SELECT * FROM myremote_pg_proc WHERE proname LIKE 'bytea%';
```

Exemple

```
SELECT * FROM dblink('dbname=postgres', 'SELECT proname, prosrc
FROM pg_proc') AS t1(proname name, prosrc text) WHERE proname
LIKE 'bytea%';
   proname   |   prosrc
-------------+------------
 byteacat    | byteacat
 byteaeq     | byteaeq
 bytealt     | bytealt
```

```
 byteale    | byteale
 byteagt    | byteagt
 byteage    | byteage
 byteane    | byteane
 byteacmp   | byteacmp
 bytealike  | bytealike
 byteanlike | byteanlike
 byteain    | byteain
 byteaout   | byteaout
(12 rows)

SELECT dblink_connect('dbname=postgres');
 dblink_connect
----------------
 OK
(1 row)

SELECT * FROM dblink('SELECT proname, prosrc FROM pg_proc')
 AS t1(proname name, prosrc text) WHERE proname LIKE 'bytea%';
 proname    | prosrc
------------+------------
 byteacat   | byteacat
 byteaeq    | byteaeq
 bytealt    | bytealt
 byteale    | byteale
 byteagt    | byteagt
 byteage    | byteage
 byteane    | byteane
 byteacmp   | byteacmp
 bytealike  | bytealike
 byteanlike | byteanlike
 byteain    | byteain
 byteaout   | byteaout
(12 rows)

SELECT dblink_connect('myconn', 'dbname=regression');
 dblink_connect
----------------
 OK
(1 row)

SELECT * FROM dblink('myconn', 'SELECT proname, prosrc FROM
pg_proc') AS t1(proname name, prosrc text) WHERE proname LIKE
'bytea%';
 proname    | prosrc
------------+------------
 bytearecv  | bytearecv
 byteasend  | byteasend
 byteale    | byteale
 byteagt    | byteagt
 byteage    | byteage
 byteane    | byteane
 byteacmp   | byteacmp
 bytealike  | bytealike
 byteanlike | byteanlike
 byteacat   | byteacat
```

```
 byteaeq    | byteaeq
 bytealt    | bytealt
 byteain    | byteain
 byteaout   | byteaout
(14 rows)
```

Références

Références

[Abdellatif95] Abdellatif, A., Limame, M., Zeroual, A., « Oracle 7 : langages - architecture – administration ». Ed. Eyrolles, 1995.

[Aho87] Aho, A., Ullman, J.D. et Hopcroft, J.P. « Structures de données et algorithmes ». Ed. InterEditions, Addison-Wesley Europe, 1987.

[AlHaddad01] Al Haddad M., Robinson J., « Using a Network of workstations to enhance Database Query Processing Performance », 2001.

[Anderson94] Thomas E. Anderson, David E. Culler, David A. Patterson, and the NOW team, « A Case for NOW (Networks of Workstations) », 1994.

[Arpaci-Dusseau96] Arpaci-Dusseau, R. « The Berkeley NOW Project », http://now.cs.berkeley.edu, 1996.

[Asaba08] Asaba Y., « pgpool-II demonstration », pgpool Global Development Group, Présentation 2008.

[Baru95] Baru C. et al., « DB2 Parallel Edition », IBM Systems Journal, VOL 34, NO 2, 1995.

[Bayer72] Bayer, R., McCreight, E., « Organization and Maintenance of large ordered indexs ». Acta Informatica, 1972.

[Bernard03] Fabien BERNARD, « Introduction à PostGreSQL », disponible sur http://www.supinfo-projects.com/fr/2003/intro_postgresql/. Laboratoire SUPINFO Paris, 2003.

[Beynon-Davies04] Beynon-Davies G., « Database Systems », Third Edition, Ed. Palgrave MacMillan, 2004.

[Boral80] Boral H., DeWitt D.J. et al., « Parallel algorithms for the execution of relational database operations », Computer Science Technical Report, 1980.

[Boral83] Boral, Dewitt, « Database Machines: An idea whose time has passed? A critique of the future of database machines », 1983.

[Bouganim96] Bouganim, L., « Equilibrage de charge lors de l'exécution de requêtes sur des architectures multiprocesseurs hybrides », Thèse de Doctorat, Université de Versailles-Saint-Quentin-En-Yvelines, 1996.

[Bouganim97a] Bouganim, L., « Exécution parallèle de requêtes relationnelles et équilibrage de charge », Calculateurs Parallèles, 1997.

[Bouganim97b] Bouganim, L., Florescu, D., Valduriez, P., « Répartition Dynamique de la Charge dans un Système de Base de Données Parallèle Hiérarchique », Ingénierie des Systèmes d'Information, ISI, 1997.

[Bozas94] Bozas G. et al, « Using PVM to implement a parallel Database System ». In Proc. of the 1st European PVM User Group Meeting, 1994.

[Bozas96] Bozas G. et al, « On transforming a sequential SQL-DBMS into One : First results ans experience on the MIDAS-Project ». Proc of the 2nd Int. Eur-Par Conference, Parallel Processing, Lyon, 1996.

[Brunie95] Brunie, L. Kosch H., Flory, A. « New static scheduling and elastic load balancing methods for parallel query processing ». BIWIT 95, IEEE Computer Society Press, 1995.

[Brunie96] Brunie L., H. Kosch, « Control strategies for complex relational query processing in shared nothing systems ». ACM Sigmod Records, 1996.

[CASTRO95] Javam de CASTRO MACHADO, « Parallélisme et Transactions dans les Bases de Données à Objets », Thèse de Doctorat, Université Joseph Fourier - Grenoble 1, 1995.

[Chen93] Chen A., Kao Y. F., Pong M., Sak D., Sharma S., Vaishnav J., Zeller H., « Query Processing in NonStop SQL ». IEEE Data Engenering Bulletin, 1993.

[Chung05] Chung, M., Mangamuri, M., « Mining Association Rules from the Star Schema on a Parallel NCR Teradata Database System », Proceedings of the Conference on Information Technology: Coding and Computing (ITCC'05), Publisher IEEE Computer Society Washington, USA, 2005.

[Condor] The Condor Project Home Page. http://www.cs.wisc.edu/condor.

[Connolly05] Connolly, T., Begg, C., « Système de bases de données : approche pratique de la conception, de l'implémentation et de l'administration cours et exercices », Editions Reynald Goulet inc., 2005.

[Copeland88] Copeland, G. et. al., « Data Placement in Bubba », ACM SIGMOD International Conference on Management of Data, 1988.

[Dandamudi97] Dandamudi, S. P., « Using Networks of Workstations for Database Query Operations », Proc. Int. Conf. Computers and Their Applications, Tempe, March 1997.

[Delobel82] Delobel, C. et Adiba, M. « Bases de données et systèmes relationnels », Paris: Dunod, 1982.

[Deshpande07] Deshpande A., Ives Z., Raman V., « Adaptive Query Processing », Foundations and Trends in Databases, Vol. 1, No. 1, 2007.

[DeWitt84] DeWitt, D.J., Katz, R.H., Olken, F. et al. « Implementation Techniques for Main Memory Database Systems ». In : Proceedings of the ACM SIGMOD International Conference on Management of Data. USA, 1984.

[DeWitt92a] DeWitt, D.J., Naughton, J.F., Schneider, D.A., Seshadri, S., « Practical Skew Handling in Parallel Joins ». VLDB, 1992.

[DeWitt92b] DeWitt, D., Gray, J., « Parallel Database Systems: The Future of High Performance Database Systems », Communications of The ACM, 1992.

[Diène01] Diène, A. W., « Contribution à la Gestion de Structures de Données Distribuées et Scalables », Thèse de doctorat, Université Paris IX Dauphine, 2001.

[Dongarra03] Dongarra J. et al., « Sourcebook of parallel computing », Ed. Morgan Kaufmann, 2003.

[El-Rewini05] El-Rewini, H., Abd-El-Barr M., « Advanced Computer Architecture and Parallel Processing », John Wiley & Sons, Inc., Hoboken, New Jersey, 2005.

[Englert89] Englert, S., Gray, J., Kocher, T., Shah, P., « A Benchmark of NonStop SQL Release 2 Demonstrating Near-Linear Speedup and Scaleup on Large Databases », Technical Report 89.4 Tandem Part No. 27469, 1989.

[Exbrayat97] Exbrayat, M., Kosch, H., « Offering Parallelism to a Sequential Database Management System on a Network of Workstations Using PVM », 1997.

[Exbrayat99] Exbrayat, M., « Evaluation parallèle de requêtes relationnelles sur réseau de stations», Thèse de Doctorat à L'Institut National des Sciences Appliquées de Lyon, 1999.

[Fagin79] Fagin, R., Nivergelt, J., Pippengar, N., Strong, H.R. « Extendible Hashing- A Fast Access Method for Dynamic Files », ACM TODS, 1979.

[Garcia02] Eric Garcia, « Cours d'Architectures des ordinateurs- Architectures Parallèles », IUT GTR, Montbéliard, 2002.

[Gardarin91] Gardarin, G., Valduriez, P., « SGBD Avancés », Editions Eyrolles, Deuxième édition, 1991.

[Geist94] Geist, A., Beguelin, A., Dongarra, J., Jiang W., Mancheck, R., Sunderam, V., « PVM: Parallel Virtual Machine, A User's guide and tutorial for networked parallel computing », MIT Massachusetts, 1994.

[Geschwinde01] Geschwinde, E., Schönig, HJ., « PostgreSQL Developer's Handbook », Sams Publishing, Décembre 2001.

[Ghandeharizadeh90] Ghandeharizadeh, S., DeWitt, D., « Hybrid-Range Partitioning Strategy: A New Declustering Strategy for Multiprocessor Database Machines », Very Large Data Bases Conference, Brisbane, 1990.

[Ghandeharizadeh94] Ghandeharizadeh, S., DeWitt, D.J., « MAGIC: A Multiattribute Declustering Mechanism for Multiprocessor Database Machines ». IEEE Trans. Parallel Distrib. Syst, 1994.

[Ghormley97] Douglas P. Ghormley, David Petrou, Steven H. Rodrigues, Amin M. Vahdat, and Thomas E. Anderson, « GLUnix: a Global Layer Unix for a Network of Workstations », 1997.

[Graefe93] Graefe, G., « Query Evaluation Techniques for Large Databases », ACM Computing Surveys, 1993.

[Hervé04] Hervé N., « Les algorithmes de tri », Mémoire pour examen probatoire, 2004.

[Hellerstein07] Hellerstein, J.M., Stonebraker M., Hamilton J., « Architecture of a Database System », 2007.

[Hidouci07] Hidouci, W.K., « Vers une approche des transactions avancées dans les SGBD parallèles intégrant les modèles acteur et SDDS ». Thèse de Doctorat d'Etat. Ecole Nationale Supérieure d'Informatique (ESI, ex-INI), Oued-Smar, Alger, 2007.

[Hidouci09] Hidouci, W.K., « Cours de Systèmes de Bases de Données Avancés », disponible sur http://hidouci.esi.dz, École nationale Supérieure d'Informatique (ESI), Alger, 2009.

[Hsiao94] Hsiao, H., Chen, M. S., Yu, P. S., « On Parallel Execution of Multiple Pipelined Hash Joins ». ACM-SIGMOD, 1994.

[Ishii06] Ishii, T. « pgpool: Features and Development », pgpool Global Development Group SRA OSS, Inc. Japan, Présentation 2006.

[Kacsuk98] Kacsuk, P., Podhorszki, N., « Dataflow Parallel Database Systems and LOGFLOW », Proceedings of PDP'98, IEEE Computer Society, 1998.

[Kitsuregawa90] Kitsuregawa M., Ogawa Y., « Bucket Spreading Parallel Hash: A New, Robust, Parallel Hash Join Method for Data Skew in the Super Database Computer ». VLDB, 1990.

[Kitsuregawa83] Kitsuregawa M. et al, « Application of hash to database machine and its architecture ». New Generation Computing, 1983.

[Khosrow-Pour07] Khosrow-Pour, M., « Dictionary of Information Science and Technology », Information Resources Management Association, Idea Group Reference, 2007.

[Knuth98] Knuth, D.E. « The art of Computer Programming », Ed. AddisonWesley, 1998.

[Korrth88] Korth, H.F., Silberschatz, A., « Systèmes de gestion des bases de données ». Ed. McGraw-Hill, 1988.

[Larabi09] Larabi M.A., « Réplication de données avec le SGBD PostgreSQL », Mémoire de fin d'études pour l'obtention du diplôme d'ingénieur d'état en informatique, Ecole Nationale Supérieure d'Informatique (ESI, ex-INI), Oued-Smar, Alger, 2009.

[Lelarge07] Lelarge, G., « Outils de spool de connexions ». Note technique dalibo S.A.R.L., 2007.

[Litwin80] Litwin, W., « Linear Hashing: a new tool for file and tables addressing ». 1980.

[Litzkow88] Litzkow, M., Livny, M., Mutka, W. « Condor - A Hunter of IdleWorkstations ». In Proceedings of the 8th International Conference of Distributed Computing Systems. San Jose, USA, 1988.

[Livny92] Livny, M. et Litzkow, M., « Making Workstations a Friendly Environment for Batch Jobs ». Third IEEE Workshop on Workstation Operating Systems. Key Biscayne, Florida, 1992.

[Lo93] Lo M-L., Chen M-S., Ravishankar C. V., Yu P. S., « On Optimal Processor Allocation to Support Pipelined Hash Joins ». ACM-SIGMOD, 1993.

[Lorie89] Lorie, R.A., Young, H. C., « A Low Communications Sort Algorithm for a Parallel Database Machine », Proc. Fifteenth International Conference VLDB, Amsterdam, 1989.

[Märtens01] Märtens H., « A Classification of Skew Effects in Parallel Database Systems », 2001.

[Matthew05] Neil Matthew et Richard Stones, « Beginning Databases with PostgreSQL: From Novice to Professional », Second Edition, 2005.

[Mehta93] Mehta, M., DeWitt, D.J., « Dynamic Memory Allocation for Multiple-Query Workloads ». In : Proceedings of the International Conference on Very Large Databases. Dublin, Ireland, 1993.

[Mehta95] Metha M., DeWitt D., « Managing Intra-operator Parallelism in Parallel Database Systems ». International Conference on Very Large Data Bases, 1995.

[Miranda96] Miranda, S., Ruols, A., « Client-serveur : Moteurs SQL, middleware et architectures parallèles ». Edition Eyrolles, deuxième édition, 1996.

[Mitani07] Mitani A., « PGCluster-II, Clustering system of PostgreSQL using Shared Data », First Italian PostgreSQL Day PGDay 2007 – 6 et Juillet 2007 – Prato, Italy.

[MPI94] « MPI : A Message-Passing Interface Standard ». Disponible sur : http://www.mpi-forum.org/docs/docs.html.

[Moussa04] Moussa, R., « Contribution à la Conception et l'Implantation de la Structure de Données Distribuée & Scalable à Haute Disponibilité LH*RS ». Thèse de Doctorat, Université Paris Dauphine, 2004.

[Norman96] Norman, M.G., Zurek, T. & Thanisch, P., « Much Ado About Shared-Nothing », SIGMOD Record, 1996.

[Papakostas96] Papakostas N. et al, « PPARDB/PVM : A portable PVM Based Parallel Database Management System ». In ACPC 96 Conference Series, 1996.

[Patterson88] D. A. Patterson, G. Gibson & R. H. Katz, « A Case for Redundant Arrays of Inexpensive Disks », Proc. of ACM SIGMOD Conf, 1988.

[PostgreSQL FAQ] PostgreSQL FAQ, www.postgresql.org.

[PGDG06] The PostgreSQL Global Development Group. « Documentation PostgreSQL 8.2.5 ». 2006.

[Rahm93] Rahm, E., Marek, R., « Analysis of Dynamic Load Balancing Strategies for Parallel Shared-Nothing Database Systems ». In Proceedings of the International Conference on Very Large Databases. Dublin, Ireland, 1993.

[Rahm95a] Rahm E., Marek R., « Dynamic Multi-Resource Load Balancing in Parallel Database Systems ». VLDB, 1995.

[Rahm95b] Rahm E., Stöhr T., Analysis of Parallel Scan Processing in Shared Disk Database Systems, in: Proc. EURO-PAR 95 Conf., LNCS, Springer-Verlag, Stockholm, 1995.

[Ramakrishnan99] Ramakrishnan, R., Gehrke, J., « Database Management Systems », Edition: Mcgraw-Hill College, 2nd edition, 1999.

[Rowe87] Rowe L. et Stonebraker M., « The POSTGRES™ data model ». VLDB Conference. Brighton, Angleterre. Septembre 1987.

[Salzberg90] Salzberg, B., et al., « FastSort– An External Sort Using Parallel Processing », Proc. SIGMOD, 1990.

[Sahri06] Sahri, S., « Conception et Implantation d'un Système de Bases de Données Distribuées & Scalables-SD-SQL Server », Thèse de Doctorat, Université Paris Dauphine, 2006.

[Shatdal93] Shatdal A., Naughton J. F., « Using Shared Virtual Memory for Parallel Join Processing ». ACM-SIGMOD, 1993.

[Schneider89] Schneider, D., DeWitt, D.J., « A Performance Evaluation of Four Parallel Join Algorithms in a Shared-Nothing Multiprocessor Environment ». ACM SIGMOD International Conference on Management of Data. 1989.

[Silberchatz01] Silberchatz A., Korth H.F., Sudarshan S., « Database System Concepts ». Mc Graw Hill Inc., Fourth Edition, 2001.

[Stonebraker86] Stonebraker, M., « The Case for Shared-Nothing ». IEEE Data Engenering Bulletin, 1986.

[Stonebraker86a] Stonebraker M. et Rowe L. « The design of POSTGRES™ ». ACM-SIGMOD Conference on Management of Data. USA, 1986.

[Stonebraker87a] Stonebraker M., Hanson E., Hong C. H. « The design of the POSTGRES. rules system ». IEEE Conference on Data Engineering. Los Angeles, Californie, 1987.

[Stonebraker87b] Stonebraker, M., « The design of the POSTGRES™ storage system ». VLDB Conference. Brighton, Angleterre, 1987.

[Stonebraker89] Stonebraker M., Hearst M., Potamianos S. « A commentary on the POSTGRES™ rules system ». SIGMOD Record, 1989.

[Stonebraker90a] Stonebraker M., Rowe L. A., Hirohama M. « The implementation of POSTGRES™ ». Transactions on Knowledge and Data Engineering. IEEE. Mars 1990.

[Stonebraker90b] Stonebraker, M., Jhingran A., Goh J., Potamianos S. « On Rules, Procedures, Caching and Views in Database Systems ». ACM-SIGMOD Conference on Management of Data, 1990.

[Sumathi07] Sumathi, S., Esakkirajan, S., « Fundamentals of Relational Database Management Systems », Edition: Springer, 1ère édition, 2007.

[Taniar08] Taniar, D., Leung, C.H.C., Rahayu, W., Goel, S., « High-Performance Parallel Database Processing and Grid Databases ». Ed. John Wiley & Sons, Inc., 2008.

[Tsukerman86] Tsukerman, A., « FastSort– An External Sort Using Parallel Processing », Tandem Systems Review, 1986.

[Ullman85] Ullman, J. D., « Implementation of Logical Query Languages for Databases ». ACM Transactions on Database Systems, 1985.

[Valduriez84] Valduriez, P., Gardarin, G., « Join and Semi-join Algorithms for a Multiprocessor Database Machine ». ACM Transactions on Database Systems, 1984

[Valduriez93] Valduriez, P., « Parallel Database Systems: Open Problems and New Issues ». ln Distributed and Parallel Databases. Kluwer Academic Publishers, 1993.

[Wilshut95] Wilshut A. N., Flokstra J., Apers P.G, « Parallel Evaluation of multijoin queries ». ACM-SIGMOD, 1995.

[Wolf90] Wolf J. L., Dias D. M., Yu P. S., « An Effective Algorithm for Parallelizing Sort Merge in the Presence of Data Skew ». International Symposium on Databases in Parallel and Distributed Systems, 1990.

[Wolf91] Wolf, J. L., Dias D. M., Yu P. S., Turek J., « An Effective Algorithm for Parallelizing Hash Joins in the Presence of Data Skew ». IEEE International Conference on Data Engeneering, 1991.

[Wolf93] Wolf J. L., Dias D. M., Yu P. S., Turek J., « Algorithms for Parallelizing Relational Database Joins in the Presence of Data Skew ». Research Report. IBM. 1993.

ÉDITIONS
UNIVERSITAIRES
EUROPÉENNES

Une maison d'édition scientifique

vous propose

la publication gratuite

de vos articles, de vos travaux de fin d'études, de vos mémoires de master, de vos thèses ainsi que de vos monographies scientifiques.

Vous êtes l'auteur d'une thèse exigeante sur le plan du contenu comme de la forme et vous êtes intéressé par l'édition rémunérée de vos travaux? Alors envoyez-nous un email avec quelques informations sur vous et vos recherches à: info@editions-ue.com.

Notre service d'édition vous contactera dans les plus brefs délais.

Éditions universitaires européennes est une marque déposée de Südwestdeutscher Verlag für Hochschulschriften GmbH & Co. KG
Dudweiler Landstraße 99
66123 Sarrebruck
Allemagne

Téléphone : +49 (0) 681 37 20 271-1
Fax : +49 (0) 681 37 20 271-0
Email : info[at]editions-ue.com
www.editions-ue.com